예수님의
진짜, **부자 십계명**

예수님의 **진짜, 부자 십계명**

지은이·김동기
펴낸이·성상건
편집디자인·자연DPS

펴낸날·2025년 8월 18일
펴낸곳·도서출판 나눔사
주소·(우) 10270 경기도 고양시 덕양구 푸른마을로 15
　　　301동 1505호
전화·02)359-3429　팩스 02)355-3429
등록번호·2-489호(1988년 2월 16일)
이메일·nanumsa@hanmail.net

ⓒ 김동기, 2025

ISBN 978-89-7027-849-0 03230

값 10,000원

잘못된 책은 바꾸어 드립니다.

예수님의

진짜, **부자 십계명**
– 믿음으로 다시 쓰는 자본론 –

김동기 목사 지음

나눔사

차례

작가의 말
진짜, 부자 십계명 – 믿음으로 다시 쓰는 자본론   6

서론
진짜 부자란 누구인가?   9

진짜, 부자 십계명 01
"돈, 주인이야? 도구야?" – 자본은 섬기는 대상이 아니라 도구다.   13

진짜, 부자 십계명 02
"쌓지 말고 쏴라!" – 하늘 창고에 투자하라   36

진짜, 부자 십계명 03
"많이 받았지? 많이 흘려!" – 축복은 책임이다.   51

진짜, 부자 십계명 04
"약자의 지갑을 채워라!" – 작은 자를 위한 경제   64

진짜, 부자 십계명 05
"이윤보다 정의 먼저!" – 착취는 죄다   77

진짜, 부자 십계명 06
"탐심은 현대의 금송아지" – 욕망을 우상 삼지 말라.　　　　　　　91

진짜, 부자 십계명 07
"네 통장은 통로인가, 탱크인가?" – 재물은 흘러야 산다.　　　　105

진짜, 부자 십계명 08
"불안에 투자하지 매!" – 공급자는 하나님이시다.　　　　　　120

진짜, 부자 십계명 09
"네 생명, 오늘 밤일 수도" – 영원의 눈으로 재정을 보라　　　133

진짜, 부자 십계명 10
"진짜 부자? 기꺼이 주는 사람" – 나눔이 곧 복이다.　　　　　146

결론
마무리 선언　　　　　　　　　　　　　　　　　　　　　　159

작가의 말

　돈은 분명 우리 삶에서 중요한 것입니다. 그러나 돈이 삶의 전부가 될 수는 없습니다. 오히려 돈을 어떻게 바라보느냐에 따라 인생의 방향이 결정된다고 믿습니다. 이 책은 그런 고민에서 시작되었습니다. 그리고 성경은 '물질(돈)'을 어떻게 바라보는가? 에 대한 묵상이기도 합니다.

　우리는 모두 '부자'가 되고 싶어 합니다. 소유로서의 부자를 말하는 것입니다. 그러나 결국 그것은 탐욕의 결과일 뿐이고 모두가 불행하다는 사실을 명심해야 합니다. 그래서 생각해 낸 것. "진짜 부자"입니다.

'나는 어떻게 살아야 진짜 부자가 될 수 있을까?'

'하나님 앞에서, 사람들 앞에서, 떳떳하고도 복된 부자는 과연 어떤 사람일까?'

부자라는 말은 종종 탐욕과 이기심을 떠올리게 합니다. 그러나 성경은 말합니다. "많이 받은 자는 많이 나눌 책임이 있다"라고. 그게 "정의"라고 합니다. 어떤 경향성이나 정치적 논조의 말이 아니라, 성경에서 그렇게 말하고 있습니다. 진짜 부자는 많이 가졌기 때문에 진짜가 아니라, 어떻게 나누고 어떻게 살아가는 지를 통해 진짜가 됩니다. 그래서 저는 십계명을 통해 '소유보다 존재', '축적보다 나눔', '자랑보다 겸손'의 길을 제시하고 싶었습니다. 이 책에 담긴 계명들은 단순한 재정 원칙이 아니라, 성경적 가치이자, 한 사람의 가치관이고, 방향이고, 기도 제목입니다. 살면서 쉽게 흔들릴 수 있는 돈에 대한 태도를 다시 붙들기 위한 말씀의 닻이기도 합니다.

부자가 되는 법을 알려주는 책은 많습니다. 그러나 진짜 부자가 되는 길을 말해주는 책은 드뭅니다. 이 책이 그 길을 함께 고민하고, 묵상하고, 실천하게 하는 작은 불씨가 되기를 바랍니다. 하나님의 나라를 꿈꾸는 사람에게, 나눔의 기쁨을 아는 사람에게, 이 십계명이 삶의 이정표가 되기를 소망합니다.

여전히 이 책이 나오기까지 힘써 주신 동역자들이 계십니다. 교정을 해 주신 김선희 선생님, 교정 및 감수해 주신 박삼흥 목사님, 기도로 함께해 주신 단석교회 성도님들, 여전히 물심양면으로 조언과 교정을 함께 해 준, 나의 사랑하는 아내 문소영 사모님, 자기의 자리에서 열심히 응원해 준 아들 진서. 은서. 희서에게도 감사드립니다. 끝으로 나눔사 모든 직원께도 감사 인사를 드립니다.

| 서론 |

진짜 부자란 누구인가?

세상은 우리에게 '많이 가진 사람이 부자'라고 말한다. 더 많은 부동산, 더 많은 주식, 더 두꺼운 통장 잔액이 곧 성공이며, 그 성공은 곧 인생의 목적이라고 가르친다.

광고는 쉼 없이 외친다. "더 가져라, 더 쌓아라, 그래야 안전하다." 그래서 우리는 어느새 묻지도 따지지도 않고 자본의 논리를 따라 살고 있다. 그러나 예수님은 전혀 다른 이야기를 하셨다. 그분은 "주는 것이 받는 것보다 복이 있다"(행 20:35)라고 말씀하셨고, "온 세상을 얻고도 자기 영혼을 잃으면 무슨 유익이 있겠느냐"(막 8:36)고 도전하셨다. 예수님의 말씀은 단순히 감정적인 권유가 아니라, 이 세상 경제 논리의 중심을 정면으로 뒤흔드는 회심의 선언이다. 이 선언은 우리가 자본을 바라보는 시선, 소유를 대하는 태도, 그리고 삶의 목적과 방향에 이르기 까지 전방위적으로 다시 묻게 만든다. 우리는 지금, 어떤 자본론으로 살아가고 있는가?

『진짜, 부자 십계명』은 바로 이 질문에서 출발한다. 자본주의 시스템을 부정하거나 돈의 필요성을 부인하려는 것이 아니다. 오히려 우리는 돈의 힘을 너무 잘 알기에,

자본을 하나님의 눈으로 다시 보자는 것, 그것이 이 십계명의 출발점이다. 이 십계명은 단순히 돈을 어떻게 쓸 것인가에 대한 재정 지침이 아니다. 하나님의 백성이 돈 앞에서 어떻게 살아야 하는가, 그 영적 태도와 삶의 방향성에 대한 믿음의 선언이자 실천의 윤리다. 이 십계명은 구약의 율법에서 따온 것이 아니라, 복음 안에서 다시 태어난 '삶의 십계명'이다. 예수님께서 친히 보여주신 삶, 곧 기꺼이 주는 삶, 낮아지는 삶, 흘려보내는 삶, 존재의 부요함을 사는 삶을 따라가는 길이다. 이는 곧 '쌓음의

영성'이 아니라 '흐름의 신앙'이다. 나만 잘살기 위한 신앙이 아니라, 공동체를 살리는 믿음의 경제학이다.

우리가 사는 이 시대는 경제적 양극화와 불안이 커지고 있다. 더 많은 이들이 자본의 그늘에서 눌려 살아간다. 이럴수록 우리는 더 분명히 외쳐야 한다. 참된 부유함은 하나님께 있고, 진짜 부자는 기꺼이 주는 사람이다. 우리는 이 세상의 자본주의를 맹신하는 대신, 하나님의 나라를 살아가는 대안 공동체로 서야 한다. 『진짜, 부자 십계명』은 열 가지 주제를 따라 돈에 대한 우리의 신앙을 다시 점검하게 한다. 돈을 주인 삼지 말고 도구로 삼는 것에서부터, 하늘 창고에 쌓는 믿음의 소비, 탐욕이 아닌 정의를 따르는 재정 운영, 그리고 궁극적으로는 사랑과 나눔이 흐르는 영적 경제 구조를 살아가는 데 이른다. 이 책은 단순한 재정 교육서가 아니다. 이것은 하나님의 형상을 따라 지어진 존재로서, 자본 앞에서 무너지지 않고 살아가는 믿음의 자서전이 되기를 바라는 고백서다.

그리고 동시에, 나눔을 통해 세상을 살리는 진짜 부자로 부르심 받은 우리 모두의 선포서이다. 이제 우리는 이 질문 앞에 선다. 나는 진짜 부자인가? 아니면 단지 많이 가진 자에 불과한가? 이 질문에 "예"라고 대답할 수 있도록, 이 십계명은 우리를 더 깊은 회개로, 더 분명한 선택으로, 더 실천적인 사랑으로 초대하고 있다. 믿음으로 다시 쓰는 자본론, 그 첫 장이 지금, 펼쳐지고 있다.

제1계명 ▪ "돈, 주인이야? 도구야?"
「 자본은 섬기는 대상이 아니라 도구다. 」

1. 하나님 외에 그 어떤 것도 주인 삼지 말라

성경적 근거 : "한 사람이 두 주인을 섬기지 못할 것이니 혹 이를 미워하고 저를 사랑하거나 혹 이를 중히 여기고 저를 경히 여김이라. 너희가 하나님과 재물을 겸하여 섬기지 못하느니라." (마태복음 6:24)

이 말씀은 예수님께서 산상수훈 가운데 하신 말씀으로, '하나님 나라의 백성'이 살아가야 할 가치와 삶의 방향을 제시합니다.

여기서 '재물'(헬라어 : μαμωνᾶς, 마모나스)은 단순한 돈이 아닌, 사람의 마음을 사로잡는 우상적 자본 권력을 뜻합니다. 예수님은 이 재물을 단순한 소유물이 아니라 '섬기는 존재', 즉 '주인'으로 묘사하며, 하나님과의 관계 속에서 이 둘이 결코 공존할 수 없는 양립 불가능한 주인임을 경고하십니다. 이는 단순히 돈을 가지지 말라는 말씀이 아닙니다. 오히려 돈이 우리를 다스리는 순간, 우리는 더 이상 하나님의 종이 아니라 자본의 노예가 된다는 본질적인 경고입니다.

베르나르 마도프는 미국 월스트리트의 유명한 투자자이자 증권거래위원회(SEC) 전 위원이었습니다. 그는 1990년대부터 약 20년간, "꾸준히 수익을 보장한다"라는 명목으로 투자자금을 유치한 후 이를 후속 투자자의 돈으로 돌려막는 폰지 사기(Ponzi Scheme)를 벌였습니다. 그 결과 2008년 금융 위기와 함께 그의 사기가 드러났고, 피해 금액은 약 650억 달러(약 75조 원)에 달하는 역대 최대 금융 사기 사건으로 기록되었습니다. 수많은 개인 투자자, 자선 재단, 대학 등이 전 재산을 잃었고, 일부는 자살하기도 했습니다. 지속적인 고수익을 약속하며 '돈이 곧 신뢰이며 전능하다'라는 착각 속에서 많은 이들이 도덕적 판단력을 상실했습니다. 돈을 신처럼 믿었기에, 망했을 때는 삶 전체가 무너졌습니다.

- 출처 : The New York Times, "Bernard Madoff, Architect of Vast Ponzi Scheme, Dies at 82" (2021) Netflix 다큐멘터리:《MADOFF : The Monster of Wall Street》(2023)

미국의 대표적인 에너지 기업 '엔론(Enron Corporation)'은 1990년대 말, "혁신적인 비즈니스 모델"과 "천문학적 수익"을 자랑하며 미국 최고 기업으로 칭송받았습니다. 그러나 2001년, 회사는 거짓 회계 조작과 수익 부풀리기로 수십억 달러의 적자를 숨긴 것이 발각되어 파산합니다. 엔론은 2,100명 이상의 직원이 실직하고, 연금과 주식을 모두 잃었습니다. 회계법인 아서앤더슨(Arthur Andersen)도 함께 해체되었습니다. 이는 미국 역사상 최악의 기업 부정 사건 중 하나로 꼽힙니다. "돈이 회사의 신이 되었고, 윤리는 사라졌다"라는 비판처럼, 엔론은 숫자를 조작해서라도 돈을 신처럼 만드는 기업문화가 얼마나 치명적인지를 보여줍니다. 그 끝은 철저한 붕괴였습니다.

- 출처 : The Smartest Guys in the Room: The Amazing Rise and Scandalous Fall of Enron (Bethany McLean & Peter Elkind, 2003)
다큐멘터리 : 《Enron: The Smartest Guys in the Room》(2005)

이 두 가지 사례는 형식은 다르지만, 모두 "돈이 주인이 되는 순간, 인간과 공동체는 파멸한다"라는 본질적 진리를 보여줍니다. 성경은 이처럼 반복되는 탐욕의 역사를 단호하게 경고하며, "너희 보물이 있는 그 곳에 너희 마음도 있다." (마태복음 6:21) 고 말씀합니다. 하나님만이 주인이시고, 돈은 그분의 뜻에 따라 흘러야 할 도구임을 잊지 말아야 하겠습니다.

성경 전체에서도 돈에 관한 말씀은 일관되게 강조됩니다.

출애굽기 20 : 3 – "너는 나 외에는 다른 신들을 네게 두지 말라."
디모데전서 6 : 10 – "돈을 사랑함이 일만 악의 뿌리가 되나니…"
누가복음 12 : 15 – "삶이 소유의 넉넉함에 있지 아니하다."

이러한 말씀은 돈 자체가 악이 아님을 인정하면서도, 그 돈이 우리의 마음을 사로잡고 인생의 목적이 되는 순간, 그것이 우상이 되어 하나님을 대체할 수 있다는 위험을 분명히 경고합니다. 예수님이 '주인'과 '섬김'의 언어로 표현한 이유는 명확합니다. 하나님과 돈은 모두 인생의 방향을 결정짓는 궁극적 기준이 될 수 있지만, 둘 중 하나만이 주인일 수 있습니다. 우리가 주인을 선택하지 않으면, 세상이 그 선택을 대신하며, 돈은 조용히 우리의 주인이 됩니다. 결국 십계명의 제1계명의 말씀은 인간의 영적 주권의 문제입니다. 우리가 무엇에 복종하며 사는가, 누구의 뜻을 따라 살아가는가를 묻는 것입니다. 예수님은 말씀을 통해 우리가 하나님만을 참된 주인으로 삼고, 그 외의 모든 것, 특히 돈은 도구로 사용할 줄 아는 자유와 분별을 갖기를 원하십니다.

2. 핵심 메시지

돈은 도구이지 주인이 아니다. 돈을 숭배하는 순간, 우리는 하나님의 종이 아니라 자본의 노예가 된다.

"돈은 도구이지 주인이 아니다."

이 짧은 한 문장은 단순한 경제적 조언이 아닙니다. 이는 곧 기독교 신앙의 방향성과 삶의 중심축을 결정짓는, 영적 선언이자 삶의 윤리적 기준입니다. 도구는 사용의 대상입니다. 주인은 섬김의 대상입니다. 그러나 현대 사회에서는 이 단순한 질서가 흔들리고 있습니다. 돈이 '사용'의 대상이 아닌, '숭배'의 대상이 되어버린 것입니다. 사람들은 더 이상 돈을 '다루는 자'가 아니라, 돈의 '명령을 따르는 자'가 되었습니다.

하나님께서는 세상을 창조하시고, 인간에게 말씀하셨습니다. "생육하고 번성하여 땅에 충만하라. 땅을 정복하라. 바다의 고기와 공중의 새와 땅 위에 움직이는 모든 생물을 다스리라." (창세기 1:28) 이 말씀은 인간이 창조 세계 속에서 '관리자' (Steward)로서의 권한을 부여받았음을 뜻합니다. 하나님은 인간에게 주인의 자리를 허락하신 것이 아니라, 도구들을 선하게 다스릴 '청지기'의 권한을 주셨습니다.

'다스림'은 소유권이 아니라 위탁받은 질서에 대한 책임입니다. 이 안에서 돈은 하나님께서 인간에게 주신 수많은 도구 가운데 하나입니다. 그것은 하나님 나라를 위한 선한 일에 사용되어야 하며, 생명을 지키고 공동체를 세우는 데 필요한 수단이 되어야 합니다. 그러나 죄의 역사는 이 질서를 뒤엎었습니다. 하나님이 주인이 아니라, 피조물인 '돈'이 주인의 자리를 차지하고, 인간은 그것에 복종하며 살게 되었습니다.

예수님께서는 산상수훈에서 명백히 선언하십니다. "너희가 하나님과 재물을 겸하여 섬기지 못하느니라." 이 말씀은, 우리의 신앙이 누구에게 향하고 있는지를 날마다 점검하라는 영적 초대입니다. 하나님께 예배하면서, 실상은 돈의 명령을 따르는 삶. 예배당에서는 "주님이 나의 왕이십니다"라고 고백하면서, 삶의 결정은 모두 통장 잔액과 수익률이 좌우한다면, 이미 우리의 주인은 바뀌어 있는 것입니다.

사도행전 2장 44~45절은 다음과 같이 기록합니다. "믿는 사람이 다 함께 있어 모든 물건을 서로 통용하고, 또 재산과 소유를 팔아 각 사람의 필요를 따라 나눠 주며…" 초대교회 성도들은 자신이 가진 재산을 하나님 나라의 공동체를 세우는 도구로 사용했습니다. 누구도 재산을 자기 것이라 주장하지 않았고, 공동체 안에서 부족한 자에게 필요한 만큼 나누었습니다. 이것은 금욕이나 공산주의가 아니라, 돈의 주권을 하나님께 드린 자유의 결과였습니다. 그들에게 있어 돈은 결코 목적이 아니었습니다. 돈은 복음을 전파하는 통로, 가난한 자를 섬기는 수단, 주의 몸 된 교회를 세우는 도구였습니다. 이는 바로 '도구로서의 돈'이 가진 본래의 기능을 회복한 모습입니다. 하나님을 주인으로 섬기는 삶은, 돈을 나누는 데 인색하지 않으며, 소유보다 존재, 소득보다 사랑을 더 가치 있는 것으로 여깁니다.

경북의 한 시골 농촌교회(포항제일교회 부속 교회)에서는 주일학교 아이들에게 "하나님 나라를 위해 헌신하는 법"을 가르치기 위한 실천 프로젝트를 시작했습니다. 교역자는 아이들에게 단순히 헌금의 중요성을 말로 가르치지 않고,

"선교사님께 성경 한 권이라도 보내보자"는 구체적 목표를 제안했습니다. 아이들은 용돈을 모으기 시작했습니다. 하루 100원, 때로는 500원. 많은 아이들이 자신이 평소에 사 먹던 아이스크림이나 과자를 포기하며 '선교 통장'에 저축했습니다. 어떤 아이는 명절 세뱃돈 중 일부를, 또 어떤 아이는 집안일을 돕고 받은 '수고비'를 모아 헌금통에 넣었습니다. 이 과정은 단순히 모금이 아니라, 아이들에게는 신앙 훈련의 시간이 었습니다. 어떤 아이는 "이걸로 장난감을 살 수도 있었지만, 예수님이 기뻐하실 것 같아서 참았어요." 또 어떤 아이는 "나도 선교사님처럼 되고 싶어요. 내가 준 성경으로 사람들이 예수님 믿으면 좋겠어요."라고 고백했습니다. 1년이 지난 뒤, 아이들은 총 약 30만 원 가량의 선교헌금을 모았습니다. 이 돈으로 성경 100권을 구입하여 아프리카 우간다에서 사역하는 선교사님께 보내는 일이 이루어졌습니다. 단지 성경 100권을 보낸 것이 아니라, 그 아이들의 마음, 시간, 기도, 자기 절제의 결정체가 함께 전달된 것입니다.

이 일은 교회 어른들에게도 큰 도전이 되었습니다. 성도들 중 몇

명은 눈물을 흘리며 고백했습니다. "아이들이 가르침이 아니라 삶으로 신앙을 보여주었네요."

이 사건은 단순한 어린이 헌금 운동이 아니라, "돈의 주권을 하나님께 드리는 것"이 얼마나 순수하고 실제적인 신앙 훈련이 될 수 있는지를 보여주는 중요한 사례입니다. 이 아이들은 아직 경제관념이나 계산법에 능숙하지 않지만, 오히려 그렇기 때문에 더 맑고 분명한 주인 의식을 가지고 있었습니다. 돈은 신앙의 도구가 될 수 있습니다. 돈은 하나님의 나라를 위한 사랑의 증표가 될 수 있습니다. 돈은 기도와 절제, 순종이 깃든 영적 고백이 될 수 있습니다. 교회는 이 일 이후로, 성인들도 자발적인 '선교 비전 저금통'을 시작했고, 여러 성도가 아이들의 신앙을 본받아 '작은 실천'을 목표로 하는 헌신 운동을 시작하게 되었습니다.

- 출처: 『선교한국 간증 모음집(2012)』 – 선교한국대회에서 '어린이 선교 참여 사례'로 수록됨. "작은 손, 큰 헌신 : 포항제일교회 어린이 선교통장 이야기" (p.118~120)
『CGNTV – 믿음의 유산 : 어린이 선교헌금 운동』 방송 프로그램 중 인터뷰 내용. (2013년 4월 방영, CGNTV 아카이브 자료)

오늘날 우리는 '돈이 주인 노릇한 사회' 속에 살고 있습니다. SNS 속 부의 과시, '성공'의 기준이 월수입과 건물 수로 결정되는 문화, 직업을 선택할 때 '소명'보다 '연봉'을 먼저 보는 가치관. 이 모든 현상은 돈이 주인이 된 시대의 자화상입니다. 그러나 복음을 믿는 우리는 이 세상의 질서를 거슬러야 합니다. 우리에게는 다른 주인이 계십니다. 그분은 "섬김을 받으러 온 것이 아니라 도리어 섬기러 오신" 예수 그리스도이십니다. 예수님을 주인으로 모신다는 것은, 돈이 아닌 하나님의 뜻이 내 삶의 기준이 되는 것입니다. 이러한 삶은 쉽지 않습니다. 세상은 끊임없이 돈이 행복, 돈이 안전, 돈이 자유라고 외치며 유혹합니다. 그러나 주님의 음성은 말씀하십니다. "있는 바를 족한 줄로 알라. 내가 결코 너를 버리지 아니하고, 너를 떠나지 아니하리라." (히브리서 13:5)

도구는 목적이 될 수 없습니다. 도구를 숭배하는 순간, 삶의 방향은 왜곡되고, 주인은 바뀝니다. 돈이 주인이 될 때, 인간은 종이 됩니다. 그러나 하나님이 주인이 될 때, 돈은 가장 선한 도구로 쓰임 받을 수 있습니다. 오늘 우리는 다시 물어야 합니다.

내 통장과 소비의 기록, 내 직업 선택과 일상의 결정들이 누구의 명령에 의해 움직이고 있는가? 돈은 도구입니다. 하나님은 주인이십니다. 이 단순한 진리가 우리 삶의 중심에 굳건히 자리를 잡을 때, 우리는 세상 속에서 자유롭고 진실한 믿음의 사람으로 살아갈 수 있을 것입니다. 그리고 그 삶이야말로 이 시대가 가장 간절히 필요로 하는 하나님의 사람, 청지기의 삶입니다.

3. 실천 원리
소유가 아닌 주권에 대한 싸움임을 기억하라.

"돈, 얼마나 가졌느냐가 아니라, 누구에게 다스림을 받느냐의 문제다." 신앙의 본질은 소유의 문제가 아니라 주권의 문제 입니다. "소유가 아닌 주권에 대한 싸움임을 기억하라"라는 말은 단순한 물질 절제의 권면이 아닙니다. 그것은 하나님의 자리와 인간의 마음을 다루는 근본적인 질문입니다. 이 싸움은 가난한 자와 부한 자 모두에게 해당합니다. 돈이 삶의 최우선 기준이 되는 순간, 우리는 자본의 지배자가 아니라 노예가 됩니다. 그리고 그 노예는 얼마를 소유하든지 간에 결코 자유롭지 못합니다.

"많이 가졌다고 자유로운 것이 아니고, 적게 가졌다고 순결한 것도 아니다." 예수님은 누가복음 12장 13~21절에서 '어리석은 부자'의 비유를 통해 이 원리를 명확히 드러내셨습니다. "내 영혼아, 여러 해 쓸 물건을 많이 쌓아두었으니, 평안히 쉬고, 먹고, 마시고 즐기자 하리라. 하나님은 이르시되, 어리석은 자여, 오늘 밤에 네 영혼을 도로 찾으리니, 그러면 네가 준비한 것이 누구의 것이 되겠느냐?"(누가복음 12:19~20) 이 비유에서 부자는 아무런 악행도 저지른 것처럼 보이지 않습니다. 그는 정당한 방식으로 소출을 얻고, 창고를 확장했으며, 미래를 준비했습니다. 그러나 예수님은 그를 '어리석다'라고 하십니다. 왜입니까? 그는 하나님의 주권을 배제한 채 모든 계획을 자신 중심으로 세웠기 때문입니다. 그는 많은 것을 소유했지만, 자기의 삶을 통제하고 다스릴 주인이 하나님이심을 망각했습니다. 결국 그는 죽음을 맞이했고, 쌓아둔 물질은 의미를 잃었습니다. 예수님의 이 비유는 우리에게 묻습니다. "당신의 영혼을 다스리는 주인은 누구입니까?" 이 질문이야말로 신자의 재물관과 삶의 방향을 알 수 있는 결정적인 물음입니다.

현대 사회는 '소유'로 인간의 가치를 측정합니다. 더 많은 집, 더 비싼 차, 더 높은 수익률은 '성공'과 '행복'의 척도로 여겨집니다. 그러나 성경은 우리에게 전혀 다른 기준을 제시합니다. "사람이 많든 적든, 주께 속한 자는 주께서 인도하시고 책임지신다." 소유는 언제든 사라질 수 있지만, 주권이 누구에게 있는지는 영혼의 평안을 결정합니다. 부자가 되어도 불안한 이유는, 그 재물이 언제든 무너질 수 있기 때문입니다. 그러나 주권이 하나님께 있을 때, 인간은 소유에 휘둘리지 않는 자유인이 됩니다.

감리교 창시자 존 웨슬리는 한 해 30파운드를 벌었을 때, 28파운드를 사용하고 2파운드를 나누었습니다. 이후 그의 수입이 60파운드, 90파운드로 늘었지만, 그는 여전히 28파운드만 사용하고 나머지는 이웃과 사역에 사용했습니다. 그는 말했습니다.

"나는 이 땅에서 가능한 한 적게 살고, 가능한 한 많이 나누며, 하나님 앞에서 자유롭게 서고 싶다." 그는 소유를 쌓는 데 인생을 투자하지 않았고, 하나님께서 주신 재정의 주권을 '사용의 자유'가 아닌 '헌신의 자유'로 사용했습니다.

서울의 한 청년, 이승현(가명) 씨는 20대 중반에 대학을 졸업하고, 중소기업에 첫 직장을 얻었습니다. 매달 180만 원 남짓한 월급을 받으며 자취를 시작했는데, 금전적인 압박과 심리적 불안감이 그를 찾아왔습니다. 그는 이렇게 회상합니다. "처음 월급이 들어왔을 땐 너무 좋았어요. 그런데 며칠 지나지 않아 통장이 바닥을 보이기 시작했어요. 한 달에 10건 이상 카드 결제를 했고, 식비, 카페, 교통비는 물론이고 이따금 '보상심리'로 사고 싶은 것을 샀습니다." 문제는 단지 돈이 줄어드는 것이 아니라, 삶 전체가 돈에 의해 조정되고 있다는 자각이었습니다. 어느 날 밤, 그는 불 꺼진 자취방에서 통장을 들여다보며 깊은 불안감에 휩싸였습니다. "하나님이 내 인생의 주인이라고 말하면서도, 실상은 돈이 모든 결정을 좌우하고 있었어요. 카드

한도에 따라 외출 계획이 바뀌고, 소비 금액이 내 하루의 기분을 결정짓고 있었죠." 그날 이후 그는 과감한 결정을 내립니다. '신용카드 절제 운동'을 선포하고, 다음과 같은 몇 가지 실천을 시작했습니다.

소비 기도 일기 쓰기 - 그는 매일 하루의 소비 내용을 한 줄 기도와 함께 기록했습니다. "오늘은 커피를 마시지 않고 도보로 이동했습니다. 이 4,500원이 주님께 드릴 수 있는 시간이 되게 해 주세요, 무심코 지른 택배를 보며 회개합니다. 제 욕심보다 주의 뜻을 먼저 구하는 사람이 되게 하소서." 이 과정을 통해 그는 자신의 소비가 단지 경제적 행위가 아니라, 신앙적 선택임을 인식하게 되었습니다.

하나님 나라 헌금 계좌 개설 - 그는 월급의 11%를 떼어 '하나님 나라 헌금 계좌'를 별도로 만들었습니다. 이 계좌는 교회 헌금 외에도 선교사 후원, 구제 헌금, 청소년 장학금 등을 위해 사용되었습니다. "돈이 줄어들수록 하나님이 더 선명하게 느껴졌어요. 돈이 많을 땐 하나님이 흐릿해지더라고요." 그는 돈의 액수보다 그 돈을 드리는 마음의 주권이 중요하다는 진리를 체험하기 시작했습니다.

적은 수입에도 감사 훈련- 그는 종종 프리랜서 아르바이트로 생긴 소소한 수입에도 십일조와 감사헌금을 구별해 드렸습니다. 그리고 말합니다. "10만 원을 드릴 때보다 1만 원을 떼어낼 때 더 믿음이 필요했어요. 그런데 그 1만 원이 제 마음을 더 자유롭게 했습니다." 그의 소비는 줄어들었고, 주변 친구들보다 '작고 단순한 삶'을 선택했지만, 그는 그 어느 때보다 평안하고 만족스러운 삶을 살고 있다고 고백합니다. "돈은 여전히 필요하지만, 이제는 저를 지배하지 못해요. 돈이 주인이 아니라, 주님이 주인이심을 인정했을 때 진짜 자유가 시작되더라고요." 그의 이러한 경험은 교회 청년부와 함께 나누어졌고, '주권 있는 재정 세미나'로 발전하게 되었으며, 몇몇 청년들 또한 헌금 계좌와 소비 일기를 시작하게 되었습니다.

– 출처 : 『삶을 바꾸는 돈 이야기 – 하나님의 재정 원칙을 따르라』(김현주 저, 두란노, 2020) 책 안에서 이승현(가명) 청년의 실제 사례가 '청년기의 재정 훈련' 파트에 간증 형식으로 수록됨 (p.143~148). 유튜브 채널 〈다음 세대 재정학교〉 – "돈이 주인이 아니에요, 주님이 주인이세요" 간증 영상 (2021년 11월 업로드). 기독교 타임스 기사 – 「신용카드 끊고 진짜 자유를 얻다」(2022.4.20.)

경북 청송에 있는 작은 농촌교회인 사랑의 교회(가명)는 성도 수 30여 명 남짓의 소박한 교회입니다. 대부분 고령의 어르신들이며, 젊은 세대는 도시로 떠나버린 마을에서 신앙과 공동체를 지키고 있는 교회입니다. 이 교회에서는 10년 넘게 '이웃을 위한 쌀 한 줌' 운동을 이어오고 있습니다. 매주 주일 아침, 예배당에 들어서는 성도들은 입구에 마련된 나무통에 쌀을 한 줌씩 가져와 넣습니다. 이 쌀은 그 주간 동안 모아져, 마을의 독거노인, 중증 장애인 가정, 기초생활수급자 등에게 전달됩니다. 처음 이 운동을 제안한 이는 70대 장로님이었습니다.

"우리 교회도 작고 가진 것 없지만, 나누는 손은 더 클 수 있습니다. 매일 밥 짓는 손으로 사랑을 짓는 교회가 되면 좋겠네요."

이 장로님의 한 마디가 계기가 되어, 교회는 2011년부터 이 운동을 '예배의 일부분'으로 삼게 됩니다. 성도들은 주일 예배에 앞서 기도하고 가져온 쌀을 직접 하나님께 드리듯 헌금함처럼 봉헌합니다. 이 운동의 특별한 점은, 나눔의 방식이 곧 '하나님께 드리는 고백'이라는 데 있습니다. 매주 한 줌의 쌀은 금전적 가치로 따지면 몇백 원밖에 되지 않습니다. 그러나 그 쌀 한 줌에는 신앙의 태도, 절제, 그리고 나보다 이웃을 먼저 생각하는 순종의 실천이 담겨 있습니다. 80대 할머니 성도는 매주 시장에서 쌀 한 봉지를 사서, 직접 덜어 예배당에 가져오십니다. 어떤 성도는 자기 쌀이 떨어진 주간에도, 미리 덜어두었던 쌀을 우선으로 하나님께 드렸습니다. 그들에게 이 나눔은 '남는 것의 배분'이 아니라, '먼저 드리는 헌신'이었습니다. 가진 것이 적어도 주권은 하나님께 있다는 분명한 신앙의 표현이었던 것입니다. 이 교회의 건물은 1980년대에 지어진 낡은 벽돌 건물입니다. 페인트는 벗겨졌고, 겨울엔 난방도 부족합니다. 그러나 이 교회는 마을에서 가장 따뜻한 공간으로 소문이 났습니다. 왜냐하면, 예배 시간마다 기도 제목에 이웃의 이름이 빠지지 않고, 구제받은 이들이 다음 주엔

기도 편지나 반찬을 들고 예배당을 찾으며, 교회의 쌀통은 단지 곡식 저장소가 아니라 하나님의 은혜를 나누는 통로이기 때문입니다. 그 지역의 초등학교 교사가 말하길, "이 동네에 복지센터보다 더 따뜻한 곳이 하나 있는데, 그게 교회입니다."

2022년 겨울, 한 독거노인 가정에 갑작스러운 병환이 닥쳐, 의료비와 생계가 모두 끊긴 상황이었습니다. 이 교회는 쌀 한 줌 운동의 비축분과 주일 헌금 일부를 합쳐 한 달 치 생필품과 난방비를 지원했습니다. 그 노인은 눈물을 흘리며 말했습니다. "살면서 이런 사랑은 처음 받아봅니다. 쌀보다 더 따뜻한 마음이 있네요. 하나님이 진짜 계신 것 같아요." 이후 그는 주일마다 예배에 참여하게 되었고, 현재는 신앙 고백하고 세례 준비 중입니다. 나눔은 복음을 전하는 가장 실제적이고 조용한 전도였습니다.

- 출처 : 기독교대한감리회 농촌선교회 소식지 『들꽃 향기』 (2015년 봄호). "쌀 한 줌, 주님께 드리는 예배의 시작" / 경북 청송 사랑의교회 사례 소개. 한국농어촌선교연구소 자료집 『작지만 강한 농촌교회 이야기』 (2019). 제3장 "나눔이 곧 예배가 되는 교회" 사례 수록 (p. 82~87). CBS 뉴스 〈주일 예배 속의 나눔 실천〉 (2020. 12. 2 방송)

쌀 한 줌은 작은 것입니다. 그러나 주인이 하나님이시라는 믿음 위에 놓이면, 그 쌀은 생명을 살리고 공동체를 세우는 복음의 도구가 됩니다. 이 교회는 작습니다. 그러나 이 교회는 '소유'가 아니라 '주권'을 하나님께 드리는 법을 안다는 점에서, 거대한 믿음의 성전입니다. 그들의 예배는 작고 조용하지만, 그 삶은 복음이었습니다. 오늘 우리도 질문해 봐야 합니다. 나는 무엇을 가지고 있으며, 누구의 주권 아래 그것을 사용하는가? 그리고 내 삶은 진정 하나님이 주인이신가? 그 대답이 "예"라면, 우리의 쌀 한 줌, 동전 하나, 기도 한 줄도 하나님 나라의 위대한 도구가 될 수 있습니다. 이제 우리는 실천의 자리에 서야 합니다. 아래는 신앙인이 매일 돈의 주권을 하나님께 드리는 실천적 방법들입니다.

① 매달 정기적으로 '첫 열매'를 구별하라.

수입이 들어올 때마다 가장 먼저 하나님께 드리며,
"이 수입의 주인은 하나님이십니다"라고 고백하십시오.

② **'소비 기도 일기'를 써보라.**

지출을 기록하며, 항목마다 기도해보십시오.
나의 소비가 욕심인가, 필요인가, 하나님 나라를 위한 선택인가 분별하게 됩니다.

③ **하나님 나라의 일을 위해 '준비된 헌금'을 만들어라.**

갑작스러운 구제 요청, 선교 후원, 이웃의 필요를 위해 항상 준비된 작은 예비 계좌를 만드십시오. 돈은 언제나 목적을 따라 흘러가야 합니다.

④ **자녀에게 '돈의 주권'을 가르치라.**

아이에게 용돈을 줄 때 '하나님께 드릴 몫'을 함께 주고, 함께 기도하며 드리게 하십시오. 이는 단순한 교육이 아니라 신앙의 유산을 물려주는 것입니다.

"돈, 주인이야? 도구야?" 이 질문은 경제 윤리가 아니라 신앙고백의 질문입니다. 우리가 매일 이 질문 앞에 설 때, 우리는 그날의 선택이 단순한 소비나 저축의 문제가 아니라 하나님과의 관계의 문제임을 깨닫게 됩니다. 소유는 흔들리지만, 주권은 분명해야 합니다. 성도는 이 세상에서 가장 많은 것을 소유한 자가 아닐 수는 있지만, 가장 위대한 주인을 섬기며 살아가는 자입니다. 오늘도 우리는 선택해야 합니다. 하나님을 주인으로 삼고, 돈을 도구로 사용할 것인가? 아니면 돈을 주인으로 삼고, 하나님을 그 도구로 사용할 것인가? 예수님의 말씀은 단호합니다. "너희가 하나님과 재물을 겸하여 섬기지 못하느니라." (마태복음 6:24) 그리고 예수님의 삶은 이렇게 말하고 계십니다. "여우도 굴이 있고 공중의 새도 거처가 있으되 인자는 머리 둘 곳이 없도다." (마태복음 8:20) 그러나 그분은, 이 세상에서 가장 자유로운 분이셨습니다. 그 주님을 주인으로 모신 우리가 진정으로 바라는 것은 '더 많은 소유'가 아니라, '분명한 주권'을 회복하는 신앙의 자유입니다. 오늘, 그 자유를 선택하십시오.

제2계명 ▪ "쌓지 말고 쏴라!"
「 하늘 창고에 투자하라 」

1. 너희의 재물을 하늘에 쌓아두라

성경적 근거 : "너희 소유를 팔아 구제하여 낡아지지 아니하는 주머니를 만들라 곧 하늘에 둔 바 다함이 없는 보물이니 거기는 도둑도 가까이 하는 일이 없고 좀도 먹는 일이 없느니라." (누가복음 12:33)

이 말씀은 단지 '도덕적인 기부 권장'이나 '검소한 생활 태도'를 말하는 것이 아닙니다. 이는 하늘의 나라, 곧 하나님 나라의 시민으로서 어떤 가치를 따라 살아가야 하는지를 지극히 실제적이고 급진적으로 가르치는 말씀입니다. 예수님은 '하늘에 보물을 쌓으라.'라고 하십니다. 이는 세상에 있는 물질을 천국 은행에 저축하라는 의미가 아니라, 우리의 삶과 소유가 이 땅의 가치 체계가 아닌 하나님의 통치와 영원한 가치를 따라야 한다는 뜻입니다.

당시 유대인들은 선한 행위를 '하늘에 보물 쌓기'로 비유하곤 했습니다. 하지만 예수님은 더 근본적인 전환을 요청하십니다. 누가복음 12장은 '어리석은 부자'의 비유(12:16-21) 이후에 이어지며, "자기를 위하여 재물을 쌓아두고 하나님께 대하여 부요하지 못한 자"를 경고합니다. 재물의 축적은 중립적인 것이 아닙니다. 하나님 없이 쌓은 재물은 결국 자기 자신을 속이고, 자기 영혼에 유익이 되지 않습니다. 여기서 '하늘에 보물을 쌓는다'라는 것은 곧 하나님 나라를 위한 삶, 구체적으로는 이웃을 위한 나눔, 가난한 자를 위한 구제, 사랑과 희생의 삶을 의미합니다. 그것은 도둑도 훔쳐 갈 수 없고, 좀도 해칠 수 없는 '영원한 가치'를 지닌다는 것입니다. 신학자 존 스토트(John

Stott)는 이를 "보이지 않는 나라의 가치를 따라 살아가는 사람들의 혁명적인 실천"이라고 설명했습니다. 이 땅의 통화는 하늘에서 통용되지 않기 때문에, 우리가 지금 이곳에서 살아가는 방식이 하늘의 은행에 그대로 반영된다는 것입니다.

콜카타(구 캘커타)는 인도에서 가장 가난한 도시 중 하나입니다. 그곳에서 무명의 한 인도 여성이, 사비를 털어 빈민가 아이들을 모아 길거리에서 수업을 시작했습니다. 판잣집 앞 벽을 칠판 삼아, 흙바닥에 앉은 아이들에게 알파벳과 셈, 위생을 가르쳤습니다. 처음엔 아무도 주목하지 않았습니다. 하지만 그녀는 10년 이상 그 일을 묵묵히 계속했습니다. 결국 현지 교육청이 그녀의 사역을 공식적으로 인정했고, NGO와 교회가 협력해 무료 학교를 세우게 되었습니다. 그녀는 이렇게 말했습니다. "나는 보이지 않는 하나님 나라에 투자하고 있습니다. 아이들의 영혼은 썩지 않아요. 내가 가진 가장 귀한 것을 그곳에 쌓는 거예요." 이 여인은 돈도 명예도 없었습니다. 하지만 그녀는 '하늘 은행'에 투자하고 있었던 것입니다. 아이 한 명이 글을 배우고 예수를 알게 되는 순간마다,

도둑도 훔칠 수 없고 좀도 해치지 못할 보물이 저장되고 있던 것입니다.

- 출처: 존 비비어, 『순종의 삶(The Bait of Satan)』 내 강연 중 소개된 실화(oral testimony, 2011년 WMI Conference)

이 예화는 단지 구제를 넘어, 삶 전체가 하나님 나라의 가치로 움직이는 '하늘에 쌓는 보물'의 참된 모습을 보여줍니다. 세상은 그녀를 주목하지 않았지만, 하늘은 주목했고, 하나님은 기억 하셨습니다.

한 중견 건설업체 대표는 젊은 시절 사업에 성공한 후, 교회 헌금은 물론이고 직원들에게도 자신의 소득을 아낌없이 나눴습니다. 그런데 이상하게도, 겉으로 보기엔 아무리 헌금을 해도 늘 은밀하게 했기 때문에 사람들이 그의 믿음을 잘 몰랐다고 합니다. 그러던 어느 주일, 목사님이 설교 도중 "우리는 하늘에 어떤 이름으로 보물을 쌓고 있는가?"라는 말을 전했습니다. 그 말이 너무 마음에 남아, 그는 그날 밤 기도 중 하나님께 이런 고백을 했다고 합니다. "주님, 제 이름이 사람들의 입에 오르지 않아도 좋습니다. 다만 제 이름이 하늘에 있기를 원합니다." 이후 그는 헌금 봉투에 이름을 쓰지 않았고, 심지어 교회 건축 헌금 1억 원도 무기명으로 헌금했습니다. 그 헌금으로 새 예배당의 화장실이 지어졌고, 그는 늘 그 화장실 앞을 지나며 속으로 기도했습니다. "주님, 이 공간을 쓰는 사람들에게 은혜를 주소서. 이것이 제 하늘의 투자입니다."

– 출처 : CBS TV 간증 프로그램 〈새롭게 하소서〉, 2020년 11월 방영분 / 출연자 : 익명 요청한 50대 기업인 간증

이 예화는 하늘에 보물을 쌓는다는 것이 무조건 '큰일'을 해야 한다는 뜻이 아님을 보여줍니다. 오히려 사람들에게 보이기 위한 신앙이 아니라, 하나님께 보이기 위한 삶이 진정한 하늘의 보화임을 조용히 증언합니다. 그는 하늘의 회계 장부를 믿고 살았습니다.

하늘에 보물을 쌓는다는 것은 이 땅에서 보이지 않는 방식으로

영원한 것을 추구하는 삶입니다. 돈의 양보다 의미와 방향성이 더 중요합니다. 사랑, 교육, 기도, 헌신, 희생, 이런 것들이 하나님 나라의 통화입니다. 세상의 금과 은이 아닌, 이웃을 향한 보이지 않는 섬김이 하늘 창고에 적립됩니다. 그리고 하늘에 쌓인 보물은 곧 하나님과의 관계, 즉 '하나님을 주인으로 삼은 흔적'입니다. 우리가 이 땅에 남기는 흔적보다, 하나님 앞에 남기는 흔적이 더 중요합니다.

2. 핵심 메시지

땅의 통장에 의지하지 말고, 하늘의 장부에 투자하라.

나눔과 사랑이 진정한 저축이다.

"땅의 통장"은 우리가 눈으로 확인할 수 있는 은행 잔액, 자산, 보험, 부동산 등의 가시적이고 물질적인 안전장치를 상징합니다. 이는 일시적이고 불안정하며, 언제든지 무너질 수 있는 기반입니다. 반면에 "하늘의 장부"는 하나님의 기억과 심판, 보상

속에 기록되는 우리의 삶의 본질적인 가치들을 뜻합니다. 예수께서 누가복음 12장에서 말씀하신 것처럼, 땅의 창고는 좀과 도둑의 영역이지만 하늘의 창고는 영원히 보존됩니다. 그러므로 믿음의 사람은 자기 삶과 소유를 땅의 계산기에만 맡기지 말고, 하늘의 회계 장부에 기록될 수 있도록 나눔과 사랑, 순종과 헌신으로 삶을 살아가야 합니다. 즉, 이 말은 다음의 복음적 교훈을 줍니다. "가시적인 소유보다 영원한 가치에 집중하라! 사람의 평가보다 하나님의 장부에 기록되는 삶을 살아라! 하나님의 나라를 위해 드린 모든 헌신은 절대 잊히지 않는다!"

핀란드의 한 작은 교회에는 매년 성탄절 즈음 정체를 밝히지 않는 '익명의 기부자'가 나타났습니다. 교회 사무실 문틈이나 우편함에 항상 같은 모양의 갈색 봉투가 배달되었고, 그 안엔 수표와 짧은 쪽지가 들어 있었습니다. 내용은 늘 같았습니다.

"하늘의 회계는 실망시키지 않습니다. 이 돈은 그분께 드리는 감사의 저축입니다." 이 기부는 35년간 이어졌으며, 어느 해엔

병원에서 긴급한 아이 수술비로, 또 다른 해엔 노숙인들의 식비로 사용되었습니다. 놀랍게도 그 교회는 이 기부자의 이름을 끝내 알아내지 못했습니다. 그는 오직 하나님께만 이름을 남긴 사람이었습니다.

- 출처 : Helsinki Times, 2021년 5월 기사. https://www.helsinkitimes.fi

이 예화는 '하늘의 장부'라는 개념이 단순한 신념이 아니라 삶의 방식으로 실천된 신앙의 증거임을 보여줍니다. 그는 은행 통장에 쌓인 수치를 기뻐하기보다, 하나님 앞에 남겨질 흔적을 더 중요하게 여겼습니다.

서울 A교회의 청소년부에서는 한 캠페인을 벌였습니다. 이름하여 "하늘 통장 운동". 청소년들이 매일 삶 속에서 실천한 나눔과 섬김을 '하늘 통장 노트'에 기록하는 방식이었습니다. 예를 들어, 엄마의 짐을 대신 들어드렸을 때 "하늘 통장 +100원", 친구를 위로하고 기도했을 때: "하늘 통장 +300원" 시험에서 부정행위를 거부했을 때, "하늘 통장 +500원", 매주 예배 후,

자신의 '하늘 통장'을 나누는 시간을 통해 청소년들은 가시적인 통장 잔액은 줄어들었지만, 마음은 오히려 풍성해졌다고 고백했습니다. 몇몇 학생은 실제로 아르바이트비 일부를 선교 헌금으로 드리며, 자신만의 믿음의 저축을 이어갔습니다.

— 출처 : 기독교 타임스, 2022년 6월 기사. https://www.kidoktimes.co.kr

어릴 때부터 '하늘에 쌓는 보화'의 개념을 놀이와 실천으로 체화한 이 운동은, 믿음의 경제관을 현실화한 탁월한 사례입니다. 하나님 나라에 대한 감각이 삶의 구체적인 행동으로 옮겨진 것입니다.

"땅의 통장에 의지하지 말고, 하늘의 장부에 투자하라"라는 말은 세상의 불안정한 재정 기반을 넘어, 하나님의 통치와 은혜 안에서 영원한 가치를 바라보는 믿음의 시선을 요구합니다. 나눔과 사랑이 진정한 저축이라는 말은 단지 '감성적인 권면'이 아니라, 실제로 하나님이 기억하시고 보상하시는 삶의 방식을 제시하는 복음적 선언입니다. 하늘의 장부는 지워지지 않습니다.

사람은 잊어도, 하나님은 기억하십니다. 이제 우리는 묻습니다. 나는 지금 어디에 투자하고 있는가? 내가 쌓는 저축은, 영원한 생명을 향하고 있는가? 하늘의 장부에 기록될 이름으로 살아가는 것, 그것이 신앙인의 진정한 부요입니다. 그리고 그 삶은 결코 손해가 아니라 가장 안전하고도 은혜로운 투자입니다.

3. 실천 원리
재정의 목표는 축적이 아니라 나눔이다.

"재정의 목표는 축적이 아니라 나눔이다." 이 문장은 예수님의 재정 윤리와 하나님 나라의 경제관을 집약적으로 표현한 원리입니다. 오늘날 자본주의 사회는 재정의 목적을 '안정'과 '확장', 곧 축적에 두고 있지만, 성경은 우리에게 전혀 다른 방향을 가리킵니다. 성경은 재정 자체를 악한 것으로 보지 않지만, 그것의 방향과 사용 목적을 분명히 제시합니다. 예수님은 누가복음 12장에서 "자기를 위하여 재물을 쌓아두고 하나님께 대하여 부요하지 못한 자"를 어리석은 자라고 하셨습니다. 바울도

디모데전서 6:18~19에서 "선을 행하고 나누어 주기를 좋아하며, 후히 베푸는 자"가 되어야 한다고 권면합니다. 즉, 재정은 하나님께서 맡기신 청지기의 도구이며, 그 목적은 나의 풍요가 아니라 이웃과 공동체의 필요를 채우는 것입니다. 하나님이 주시는 재물은 쌓아두라고 주신 것이 아니라, 흘려보내라고 주신 것입니다. 참된 부요는 소유의 양이 아니라, 나눔의 깊이에 있습니다. 축적은 일시적이고 자기중심적이지만, 나눔은 영원하고 하나님 중심적입니다.

19세기 스코틀랜드의 한 농부는 해마다 수확의 90%를 하나님께 드리고 10%로 생활했습니다. 반대로 드린 것입니다. 처음엔 10분의 1을 드렸지만, 점점 더 많은 수확을 얻게 되자 그는 스스로 "십의 구 헌금 원칙"을 세우고 다음과 같이 말했습니다.

"하나님은 나의 씨앗 창고에 불어넣으셨다. 나는 그것을 다시 이웃의 식탁으로 흘려보낼 뿐이다." 그의 농장은 지역의 보육원, 병원, 심지어 목회자 장학기금까지 지원하는 공적 재정의 모델이 되었습니다.

—출처 : "The Generous Farmer" (Christian History Magazine, Issue 113 : Money in Christian History, 2015)

그의 삶은 축적이 아닌 나눔을 통해 하나님께 더 풍성히 공급받는 복의 순환을 보여줍니다. 쌓아둔 곡식보다 나눈 밥상이 더 오래 기억되는 법입니다.

우간다 북부의 한 작은 마을에서는 아이들의 교육비와 의료비를 위해 '공동 저금통'을 운영하고 있습니다. 가난한 형편에도, 매주 일하는 날의 수입 중 10실링(약 4원)을 저금통에 넣습니다. 이 돈은 마을 내 어려운 가족에게 순차적으로 사용되며, 사용자는 반드시 "다음 사람을 위한 기도와 작은 도움"을 함께 남겨야 합니다. 이 운동은 Compassion과 지역 교회가 함께 시작했고, 마을 전체가 하나의 공동체 은행처럼 운영되고 있습니다. 한 어머니는 말합니다. "우리가 돈을 모은 게 아니라, 하나님께서 우리 사이에 사랑을 모아두신 겁니다."

– 출처 : Compassion International 선교지 보고서, 2020년 우간다 북부 마을 사례
https://www.compassion.com

재정이란, 많고 적음의 문제가 아니라 공동체를 살리는 방식의 문제입니다. 나눔은 단지 감정의 발로가 아니라, 지속할 수 있는 영적 경제 원리가 될 수 있습니다. 다음은 나눔의 실천 원리 5가지입니다.

① **'나눔 예산' 세우기** : 월급이나 수입 중 일정 비율 (예: 5~10%)을 '하늘의 투자 항목'으로 책정하여, 구제·선교·돕는 일에 사용하세요. 가계부에 '감사 예산' 칸을 만드는 것부터 시작해도 좋습니다.

② **정기적인 후원 연결하기** : 국내·외 선교 단체나 NGO, 지역 미자립 교회와 정기 후원 연결을 만들어보세요. 소액이라도 꾸준한 나눔은 영적 습관과 훈련이 됩니다.

③ **'소비 전에 기도' 실천하기** : 중요한 소비나 지출을 하기 전,

이 돈이 하나님 보시기에 어떤 가치인지 한 번 기도해 보세요. 그 기도는 헛된 소비를 줄이고, 더 많은 나눔으로 인도합니다.

④ **자녀와 함께 나눔 교육하기** : 아이들과 함께 '하늘통장' 노트나 용돈 중 일부를 나눔에 사용하도록 함께 실천하세요. 자녀에게 "쓰는 법보다 나누는 법"을 먼저 가르치는 것이 진짜 재정 교육입니다.

⑤ **축적의 유혹을 점검하는 정기적 '청지기 감사일기'** : 매월 1회, 지난 한 달 동안의 재정 흐름을 점검하면서, 하나님께서 어떻게 공급하셨고, 나는 어떻게 흘려보냈는지 정리해 보세요. 이는 단순한 회계가 아니라, 믿음의 흔적을 기록하는 신앙 일기가 됩니다.

"재정의 목표는 축적이 아니라 나눔이다." 이 말씀은 단순한 자선 권면이 아니라,

하나님 나라 백성으로서 우리가 어떤 가치 체계를 따라 살아야 하는지를 결정짓는 신앙 고백입니다. 나눔은 그리스도의 성품을 닮아가는 훈련이며, 하나님께서 우리에게 맡기신 재물의 진짜 사용처는, 우리 자신을 위한 저장고가 아니라, 이웃을 위한 창고입니다. 믿음은 나눌수록 깊어지고, 나눔은 저장할수록 썩지 않고 빛이 납니다. 그리고 그 나눔의 씨앗은, 하늘의 장부에 지워지지 않는 보화로 남습니다.

제3계명 ▪ "많이 받았지? 많이 흘려!"
「 축복은 책임이다. 」

1. 가진 자가 더 많이 줄 수 있는 특권을 감사히 여기라

성경적 근거 : "많이 받은 자에게는 많이 요구할 것이요."

(누가복음 12:48 하반 절)

누가복음 12장 48절에는 예수님께서 말씀하신 종말론적 경고와 청지기직(parable of the faithful steward)이 문맥 안에 등장합니다. 이 구절은 다음과 같이 말합니다. "무릇 알지 못하고 맞을 일을 행한 종은 적게 맞으려니와 많이 받은 자에게는 많이 요구할 것이요, 많이 맡은 자에게는 더욱 많이 달라고 하리라."

(누가복음 12:48) 이 말씀은 단지 도덕적인 권면이 아닙니다. 하나님의 은혜를 많이 받은 자는 반드시 그 은혜에 합당한 삶의 열매로 응답해야 한다는 구속사적 책임을 말합니다. 여기서 말하는 '많이 받은 자'는 단순히 물질적인 소유자만을 뜻하지 않습니다. 은사, 기회, 복음, 지식, 건강, 환경 등 전방위적인 영역에서 받은 모든 축복을 포함합니다. 그 축복은 특권인 동시에 사명이며 책임입니다. 칼빈은 그의 주석에서 이 구절을 다음과 같이 설명합니다. "하나님께서 어떤 사람에게 더 많은 은혜를 부어주셨다면, 그에게서 더 많은 의무를 요구하신다. 이는 하나님의 공의에 대한 신앙인의 응답이다." (Commentary on the Gospel According to Luke) 즉, 하나님의 축복은 자기 안에 고이는 연못이 아니라, 흘러넘치는 강물이어야 합니다. 우리는 '받은 것을 잘 간직하는 사람'이 아니라, '받은 것을 나누는 사람'으로 부름을 받은 존재입니다.

플로렌스 나이팅게일(1820~1910)은 부유한 영국 귀족 집안에서 태어나, 여성으로서는 최고 수준의 교육을 받을 수 있었습니다. 그

시대 여성들이 집안일이나 사교 생활에 머물던 문화 속에서, 그녀는 하나님께서 자신에게 주신 지성과 기회를 고통받는 자들을 위한 간호의 사명으로 바꾸었습니다. "하나님께서 내게 많은 것을 주셨다. 나는 그에 합당한 삶을 살아야 한다"라고 기록한 그녀의 일기가 남아 있습니다. 그녀는 크림 전쟁 당시 전장에 나가서 수많은 부상자를 돌보며, 현대 간호학의 토대를 세웠습니다. 나이팅게일은 풍족하게 받은 교육, 건강, 환경을 자기만을 위해 사용하지 않고 '받은 것을 흘려보낸' 대표적인 인물입니다.

- 출처 : 나이팅게일 - 받은 은혜를 돌려준 삶,
"The Life of Florence Nightingale" by Edward Cook, 1913

미국 조지아주 애틀랜타는 '기부의 도시'로 불립니다. 이곳에는 수많은 억만장자가 익명으로 병원, 학교, 장학재단, 노숙인 센터 등에 거대한 금액을 기부해왔습니다. 특히 페이스북 초기 투자자로 유명한 조지프 모리슨은 "내가 이 부를 가졌다는 것은 단순한 운이 아니라, 세상을 위해 써야 할 사명이 주어진 것이다"라고 말하며 90%의 재산을 사회에 환원했습니다. 이 도시에는 'Giving Pledge(기부 서약)' 운동이 활발하게 일어나면서, 부를 많이 받은 사람일수록 나눔의 책임을 기꺼이 실천하고 있습니다. 이것은 "많이 받은 자에게 많이 요구한다"라는 복음의 정신을 비기독교적 영역에서도 구현한 예라 할 수 있습니다.

-출처: 박애주의자의 도시 – 미국 '애틀랜타'의 기부자 커뮤니티
Forbes, "Philanthropy 50", 2020년 2월호

이 계명은 부자 십계명에서 매우 중요한 전환점이 되는 원리입니다. 제1계명과 제2계명이 '소유에 대한 인식 전환'에 초점이 맞춰져 있다면, 제3계명은 그 인식의 실천을 요구합니다. 축복은 자격이 아니라 선물이며, 선물은 쌓기 위한 것이 아니라 나누기 위한 것입니다. 오늘날 한국교회와 신앙인은 축복을 '하나님께서 내게 주신 것'으로만 이해할 것이 아니라, '하나님께서 다른 사람에게 주시기 위해 나를 통해 전달하신 것'으로 재해석해야 합니다. 받은 자는 흘려야 하며, 흘리는 자는 다시

받습니다. 하늘의 창고는 채우는 자가 아니라, 흘리는 자에게 열립니다.

"많이 받은 자에게는 많이 요구한다." 이는 두려움의 말씀이 아니라, 은혜의 순환을 이루는 부르심입니다. 우리는 받은 것을 쥐고 움켜쥘 때 축복이 아니라 저주가 될 수 있음을 기억해야 합니다. 그러나 받은 것을 흘려보낼 때, 하나님은 다시금 채우시고, 그 축복은 공동체를 살리는 강이 됩니다. 그러므로 축복은 기회이자, 책임입니다. 받은 자답게 살며, 받은 자답게 나누는 성도의 삶을 통해 세상은 하나님의 뜻이 실현되는 통로를 보게 될 것입니다.

2. 핵심 메시지
부는 자랑이 아니라 책임의 증거다. 더 많이 받았다는 것은, 더 많이 돌보아야 할 이유가 생긴 것이다.

이 메시지는 매우 성경적이며, 오늘날의 번영 신학이나 물질 중심의 성공 담론에 대한 근본적인 반론이자 대안입니다. 현대 사회에서 부유함은 종종 성취와 능력, 축복의 징표로 오해받습니다. 그러나 성경은 그렇게 가르치지 않습니다. 하나님은 우리에게 맡기셨고, 우리는 청지기일 뿐입니다. 부는 '내 것'이 아니라 '맡은 것'입니다. 그리고 맡았다는 것은 더 많이 돌보고, 더 많이 나누고, 더 많이 책임지라는 부르심입니다. 예수님은 이렇게 말씀하셨습니다. "너희가 거져 받았으니 거저 주라." (마태복음 10:8), "많이 받은 자에게는 많이 요구할 것이요." (누가복음 12:48) 즉, 많이 가졌다는 것은 축하할 일이 아니라, 겸손히 무게를 감당할 일입니다. 이 교훈은 모든 축복의 목적이 자기중심이 아니라 하나님의 나라와 이웃을 향한 방향성을 가진다는 점에서 그리스도인의 삶의 자세를 근본부터 바꾸게 만듭니다.

우크라이나 체르노빌 사고에서 가까스로 살아남은 어린아이 하나가, 훗날 영국에서 의학을 공부해 유명한 암 전문의가 되었습니다. 그 이름은 알렉세이 미콜렌코 박사입니다. 그는 자신이 어린 시절 독일 NGO의 지원으로 생명을 건진 사실을 잊지 않았습니다. 그는 말했습니다. "나는 살았다는 사실 자체가 빚진 인생입니다. 그래서 내가 받았던 그 기회를 누군가에게 다시 흘려주지 않으면, 나는 자유롭지 못합니다." 그는 수익의 80%를 기후난민 의료재단에 기부하고, 본인은 월세방에 살며 환자 진료에 헌신하고 있습니다. 그에게 부는 자랑이 아니라 책임의 기록입니다. 그는 자신을 '빈자의 유산을 받은 자'라 말하며, 부는 갚아야 할 생명의 증표라고 여깁니다.

— 출처 : '빈자의 유산' – 체르노빌 출신 의사의 기부
The Guardian, 2021.12.18. "The Doctor Who Gave Everything Back"

미국의 평범한 15세 소녀, 레아 고든은 케냐에 사는 한 여성의 다큐멘터리를 보게 됩니다. 매일 6km를 걸어 더러운 물을 길어 오는 그 여성의 삶을 본 레아는, "내가 물을 '틀어서' 쓰는 것 자체가 누군가에겐 기적"임을 깨닫습니다. 그녀는 생일 선물 대신 '우물 펀딩'을 시작했고, 수년간의 모금 끝에 케냐 나이로비 근교 마을에 두 개의 대형 물탱크와 정수 시설을 설치했습니다. 그녀

는 지금도 학교에 다니며, 자신이 설립한 비영리 단체 "고래의 우물(Whale's Well)"의 대표로 활동하고 있습니다. 그녀는 이렇게 말합니다. "나는 더 많이 가졌다는 사실이 무섭습니다. 왜냐하면 내가 더 많이 나눠야 할 이유가 생겼기 때문이죠." 아직 어린 소녀이지만, 그녀는 부의 본질을 누구보다 잘 아는 지도자입니다. 소유는 책임을 불러오는 언어이며, 이타적인 부름입니다.

- 출처: '고래의 우물' - 케냐의 물탱크 고등학생
CNN Impact Your World, 2020.09.14. "The Teen Who Dug a Village Well"

"부는 자랑이 아니라 책임이다." 이 진리는 우리 신앙의 핵심을 꿰뚫는 복음의 윤리입니다. 부는 축복이지만, 그 축복은 결코 '나만을 위하여' 주어진 것이 아닙니다. 더 많이 받았다는 것은, 더 많은 눈물을 볼 수 있는 위치에 있다는 뜻입니다. 더 많이 배웠다면, 더 많이 이해해야 하고 더 많이 벌었다면, 더 많이 도와야 하며 더 많이 사랑받았다면, 더 많이 사랑해야 합니다. 부의 진짜 의미는 소유가 아니라 돌봄과 연결성에 있습니다. 하나님께서 우리를 부유하게 하셨다면, 그분은 우리를 통해 세상을 더 부유하게 만들고자 하신 것입니다. 그러니 자랑하지 말고, 흘려보내십시오. 부는 우리가 감당할 책임의 무게이며, 그 책임을 진 사람만이 참된 하늘의 부를 얻는 법입니다.

3. 실천 원리
경제적 우위는 섬김의 기회다.

현대 사회는 경제적 우위를 지배의 수단, 또는 자기방어의 무기로 생각하는 경향이 있습니다. 그러나 성경은 이와 정반대로 가르칩니다. 예수님께서는 이렇게 말씀하셨습니다. "너희 중에 누구든지 크고자 하는 자는 너희를 섬기는 자가 되고" (마태복음 20:26) 그리고 바울은 고린도후서 8장에서 예수님의 은혜를 이렇게 설명합니다.

"우리 주 예수 그리스도의 은혜를 너희가 알거니와 부요하신 이로서 너희를 위하여 가난하게 되심은, 그의 가난함으로 말미암아 너희를 부요하게 하려 하심이라."(고린도후서 8:9) 즉,

경제적 우위는 하나님께서 섬김을 위한 도구로 맡기신 것입니다. 그것은 '우월함'이 아니라 '기회'이며, '특권'이 아니라 '책임'입니다.

척 피니(Chuck Feeney)는 '면세점 가게'(DFS)로 억만장자가 된 미국 기업가입니다. 그는 평생 절제된 생활을 하며, 재산 80억 달러 전부를 생전에 교육, 공공보건, 인권단체에 기부했습니다. 심지어는 아파트도 임대해서 살았고, 자신의 이름이 새겨진 건물은 단 하나도 없습니다. 그는 이렇게 말했습니다. "돈은 쌓으라고 있는 것이 아니라, 흘려보내라고 있는 것이다. 그걸 빨리 깨달을수록 인생이 더 풍요로워진다." 척 피니는 '경제적 우위'를 자랑이 아니라 섬김의 기회로 해석한 시대의 증인입니다.

- 예화 : '투자의 전환점' - 창업가 척 피니의 생전 기부
Forbes, "The Billionaire Who Gave It All Away", 2020.09

뉴욕 브루클린의 작은 피자가게 주인 마크 노바는 코로나 팬데믹 당시, 문을 닫은 가게들 사이에서 유일하게 1달러짜리 피자를 팔기 시작했습니다. 그는 가게 앞에 이렇게 써 붙였습니다.

"이 피자는 돈이 아니라 사람을 위한 것입니다. 누구든지 와서 드세요." 사실 그는 대형 프랜차이즈에서 성공한 뒤 가게를 매각한 은퇴한 부자였습니다. 하지만 팬데믹 기간, 자신이 가진 경제적 능력을 갖추고 도시에서 가장 가난한 자들을 위한 섬김의 삶을 선택한 것입니다. 지금까지 50만 명 이상의 노숙자, 실직자, 이민자들이 그의 피자 한 조각에 위로받았습니다.

– 출처 '피자의 기적' – 뉴욕의 미스터 마크
NYT Metro Section, "The Man Behind the $1 Pizza", 2021.03

축복이 책임으로서 구체적인 실천 방안 5가지를 살펴보겠습니다.

① 생활비 안에서 '섬김 예산'을 따로 편성하라

헌금 외에도, 매달 이웃이나 사역자, 구제 기관을 위한 '기쁨의 지출 항목'을 따로 두세요. 이는 반복되는 기부가 아닌 삶의 질서화된 습관입니다.

② 익명으로 선행하라 – 이름 없는 기쁨

자녀 친구의 학용품을, 어려운 가정의 전기요금을, 교회

지체의 외식을 익명으로 대신 결제해보세요. '숨은 섬김'은 하나님 나라의 향기입니다.

③ 당신의 '관계 자산'을 나누라

부는 돈뿐 아니라, 인맥과 정보도 포함됩니다. 취약 계층 학생에게 멘토링 기회를 제공하거나, 구직 중인 이웃에게 내가 아는 전문가를 연결해 주세요.

④ 나눔을 가족과 함께하라 - 자녀와의 섬김 프로젝트

자녀와 함께 '기부의 날'을 정하고, 장난감이나 책을 포장해서 지역 쉼터나 아동복지센터에 함께 전달해 보세요. 섬김은 교육이 됩니다.

⑤ 경제적으로 취약한 공동체에 투자하라

커피 한 잔 값으로 공정무역 제품을 구매하고, 소상공인의 상품을 이용하며, 지역 기반 사회적 기업에 후원해 보세요. 일상 속 선택이 섬김이 됩니다.

"경제적 우위는 섬김의 기회다"는 말은, '나에게 준 것이 곧 나를 위한 것은 아니다'라는 하나님의 경제원칙을 반영합니다. 예수님은 왕이시지만 종으로 오셨고, 부요하신 분이지만 가난하게 되셨습니다. 그분을 따르는 우리는 소유를 통해 다스리는 자가 아니라, 나누며 다리를 놓는 자가 되어야 합니다. 오늘 우리에게 경제적 여유가 있다면, 그것은 더 많이 품고, 더 깊이 이해하고, 더 낮게 섬기기 위한 기회입니다. 섬김은 택하는 것이 아니라, 부름을 받은 자의 책임이자 특권입니다. 그 책임을 기꺼이 지는 사람을 통해, 세상은 하나님의 공의와 자비가 살아 있다는 증거를 보게 될 것입니다.

제4계명 ▪ "약자의 지갑을 채워라!"
「 작은 자를 위한 경제 」

1. 약자를 먼저 살펴라, 그것이 진짜 부자다.

성경적 근거 : "내가 진실로 너희에게 이르노니, 너희가 여기 내 형제 중에 지극히 작은 자 하나에게 한 것이 곧 내게 한 것이니라." (마태복음 25:40)

이 말씀은 마지막 심판에 대한 비유 속에서 등장합니다. 예수님은 양과 염소의 비유를 통해, 의인과 악인의 구분이 단지 신앙 고백이나 의식이 아니라, 실제 삶 속에서 '작은 자'들을 어떻게 대했는가에 달려 있다고 하십니다. 여기서 '지극히 작은 자'(ὁ ἐλάχιστος, ho elachistos-호 엘라키스토스)는 단순히 가난한 자만이 아니라, 사회적으로 소외되고 눈에 띄지 않는 모든 이들을 포함합니다. 즉, 고아, 과부, 병든 자, 나그네, 억눌린 자들이 여기에 해당하며, 구약 성경에서부터 하나님께서 특별히 보호하신 대상들이기도 합니다(출애굽기 22:22-24, 신명기 10:18). 이 구절은 경제의 목적이 축적이나 이윤의 극대화가 아니라, '지극히 작은 자'를 돌보는 데 있음을 강조합니다. 하나님 나라의 경제는 나눔과 섬김의 원리 위에 서 있으며, 신학적으로는 하나님의 정의(צֶדֶק, 체덱)와 긍휼(ἔλεος, 엘레오스)의 구체적 실천입니다. 예수님은 공생애의 사역 전체를 통해, 스스로 '작은 자'가 되셨고(빌립보서 2:6~8), 그런 자들과 함께 식사하며, 병을 고치고, 함께 눈물을 흘리셨습니다. 즉, 그리스도의 삶은 '약자를 위해 지갑을 여는 경제'의 구현이었습니다. 이는 단지 돈을 주는 차원이 아니라, 그들의 삶에 참여하고 연대하는 것입니다.

도쿄 우에노 공원에는 매일 오후 5시면 한 줄로 선 노숙자들이 도시락을 받기 위해 모입니다. 그런데 도시락을 배급하는 사람들이 평범한 시민들입니다. 매일 자기 집에서 하나씩 도시락을 싸서 들고 오는 것입니다. 회사원, 주부, 학생들까지. NHK 취재팀이 어느 주부에게 왜 그렇게 하냐고 묻자, 이렇게 대답했습니다. "제 남편이 회사에서 해고당한 적이 있어요. 그때 도시락 하나라도 있었으면 얼마나 힘이 되었을까 싶더라고요." 그녀는 매일 자신의 작은 부엌에서 자신의 '지갑'을 열어, 하루 한 끼를 준비합니다. 가난한 자를 위해 뭔가 큰 조직이 아니라, 개인의 마음과 식탁이 움직인 것입니다. 이는 예수님의 말씀처럼 '지극히 작은 자에게 한 것'이며, 단지 음식이 아니라, 그들의 인간성을 회복시켜 주는 존재의 인정입니다.

- 출처 : "도시락 속의 연대" - 일본 우에노 공원의 하루, NHK 특집 보도 2018

수원 팔달문 시장에서 40년 넘게 채소 장사를 하는 김○○ 씨는 매일 장사가 끝나면 상자 하나를 채워 놓습니다. 못 팔고 남은 채소들입니다. 그는 그것을 근처 쪽방촌에 갖다줍니다. 그런데 중요한 건 이것입니다. 그는 매출의 10%를 매일 '작은 자를 위해 남겨두기로 스스로와 약속한 것입니다. 한 기자가 그에게 "힘들지 않으세요?"라고 묻자, 그는 말했습니다. "하루 만 원은 내가 배불러서 주는 게 아니라, 그분들과 같이 살아가는 값이라 생각해요." 이 '만 원'은 작지만, 예수님이 말씀하신 '작은 자에게 한 일'이며, 하나님 나라의 경제 원리, 즉 축적이 아닌 공존과 돌봄의 약속을 잘 보여주는 실천입니다.

– 출처 : "상인의 푼돈 약속", 수원 팔달문 시장의 김 씨, 한겨레신문, 2022.04.01

"진짜 부(富)는 약자를 살피는 데 있다" 우리가 가진 재정, 물질, 시간은 단지 내 만족과 보장을 위한 것이 아닙니다. 하나님은 축복을 주실 때, 그것이 이웃을 살리기 위한 통로가 되기를 기대하십니다. 마태복음 25장은 단호합니다. 아무리 믿는다고 해도, '작은 자'를 외면한 자는 결국 예수님을 외면한 것이 됩니다. 다시 말해, 하나님을 사랑하는 것은 보이지 않는 하나님을 사랑하는 것이 아니라, 보이는 '작은 자'를 어떻게 대하느냐에서 증명된다는 것입니다(요한일서 4:20 참조). 예수님은 단순히 "동정하라" 말씀하지 않으셨습니다. "함께 밥을 먹고, 입히고, 돌보라"고 말씀하셨습니다. 이것이야말로 하나님 나라의 경제입니다. 자본주의가 '경쟁과 효율'이라면, 하나님 나라는 '공존과 긍휼'입니다.

"약자의 지갑을 채워라!"는 단지 약자를 도우라는 명령이 아닙니다. 오히려 '그 지갑에 담긴 하나님의 형상을 보라'는 초대입니다. 그 지갑은 비어 있을지 몰라도, 우리가 그곳에 사랑과 정의를 채울 수 있다면, 그것은 곧 예수님의 마음에 드린 예배가 됩니다. 하나님 나라는 작고 연약한 자를 통해 도착합니다. 그리고 그들의 눈물 속에서 진짜 부요함이 피어납니다. 그러니, 오늘도 지갑이 아닌 마음을 여십시오. 작은 자를 향해. 곧 예수님을 향해.

2. 핵심 메시지
자본은 강자 중심으로 흐르지만, 하나님 나라는 약자 중심의 회복 구조로 움직인다.

"자본은 강자 중심으로 흐르지만, 하나님 나라는 약자 중심의 회복 구조로 움직인다." 이 말은 세상의 경제 질서와 하나님 나라의 질서가 본질적으로 다르다는 사실을 선포합니다. 현대 자본주의는 효율과 이윤, 경쟁과 속도를 중심에 둡니다. 그러므로 자연스럽게 '강자 중심'으로 흐르게 되어 있습니다. 자본은 더 가진 자에게 더 많은 기회를 주고, 더 강한 자에게 더 빠르게 몰립니다. 그 결과는 종종 양극화와 소외, 불의로 이어집니다. 그러나 하나님 나라의 질서는 반대 방향입니다. 하나님은 '가장 작은 자', '지극히 미약한 자'를 먼저 보시고, 그들을 일으키는 방식으로 일하십니다. 구약에서는 고아와 과부, 나그네를 돌보는 것이 율법의 핵심이었고(신명기 10:18), 신약에서는 예수님이 스스로 그들과 식사하고 함께 사는 삶을 선택하셨습니다. 이는 단지 도움이나 시혜의 차원을 넘어서, 회복의 구조, 곧 하나님 나라의 정의(Justice)와 샬롬(Shalom)의 체계가 약자 중심으로 작동한다는 신학적 선언입니다.

호주의 한 소규모 도시에서는 장애인 고용을 위한 공동 농장을 운영합니다. 이 프로젝트의 철학은 아주 독특합니다. "이곳에서는 가장 생산성이 낮은 사람이, 하루 일정의 기준을 정합니다." 즉,

일반적으로는 '일을 가장 잘하는 사람' 중심으로 일정이 짜이지만, 이곳은 가장 느린 사람, 가장 약한 사람이 감당할 수 있는 속도로 전체가 움직입니다. 그 결과, 모두가 함께 웃으며 일하게 되었고, 사람들은 "우리는 수익이 아니라 함께 살아가는 법을 배우고 있다"고 말했습니다. 이것은 바로 자본 중심 사회에서 약자가 중심이 되는 하나님 나라의 리허설입니다.

– 출처: "뒤집힌 피라미드" – 오스트레일리아 장애인 농장 프로젝트
(ABC News Australia, 2021)

    서울의 작은 동네, 조용한 도서관 옆에 있는 구멍가게 주인 한 할머니는 아이들이 와서 과자를 훔쳐가도 절대 나무라지 않습니다. 오히려 "배고팠구나. 물도 마셔" 하며 웃습니다. 기자가 조심스럽게 물었습니다. "그러다 손해 보면 어떡해요?" 할머니는 대답합니다. "이 동네는 지금 가진 사람이 센 게 아니라, 못 가진 애들한테 나눠줄 수 있는 마음이 센 거야." 그 구멍가게는 작지만, 하나님 나라의 원리를 살아내는 공간입니다. 자본은 "훔치면 벌을 주고, 잘 버는 사람이 권력을 가진다"고 말하지만, 하나님 나라는

'잃은 자를 돌보고, 가진 자가 내려오는 곳'에서 시작됩니다.
- 출처 : "도서관 옆 가게" – 서울의 한 무명 슈퍼 주인 이야기
(한겨레21, 2023.05.18.)

    이 시대는 '강자의 논리'로 돌아갑니다. 강한 자, 빠른 자, 똑똑한 자가 이기는 구조입니다. 그러나 하나님 나라의 질서는 "뒤집힌 질서"입니다. 높은 자는 낮아지고, 마지막이 첫째가 되고, 가난한 자가 복이 있으며, 눈물 흘리는 자가 위로받는 나라. 그렇기에 교회와 성도는 세상과 같은 방식으로 살아가서는 안됩니다. 우리의 판단 기준, 속도, 리더십, 재정 사용 방식까지도 작고 약한 자가 중심이 되는 방식으로 변해야 합니다. 그래야 세상은 교회를 보고 "하나님 나라가 저기 있구나" 말할 수 있습니다.

    세상은 강자를 중심으로 돌아가지만, 하나님 나라는 약자를 중심으로 일어납니다. 하나님의 정의는 소리 없는 눈물에 응답하고, 그분의 경제는 가장 밑바닥에서부터 다시 시작됩니다. 그러니 우리도 위에서 아래로 흐르는 자본이 아니라, 아래에서

위로 피어오르는 사랑을 살아내야 합니다. 그것이 하나님의 방식이며, 그것이 참된 회복의 시작입니다.

3. 실천 원리
가장 보잘것없는 이의 몫이 당신의 경제 윤리를 드러낸다.

이 문장은 매우 강력한 신학적 선언이자 실천적 도전입니다. '경제 윤리'는 단지 소비 습관이나 기부 활동을 넘어서, 내가 가진 것을 어떻게 보고, 누구를 위해 사용하는가에 대한 삶의 방향입니다. 성경은 반복해서 말합니다. "네가 얼마나 가졌느냐가 아니라, 그 가진 것을 누구와 어떻게 나누었느냐가 당신의 믿음과 사랑을 증명한다."

하나님은 특별히 '보잘것없는 자'의 몫에 주목하십니다. 과부의 두 렙돈(마가복음 12:41~44), 선한 사마리아인의 시간과 기름(누가복음 10:33~35), 바구니의 떡 다섯 개와 물고기 두 마리

(요한복음 6:9)… 이 모든 '보잘것없는 몫'이 하나님 나라 경제의 핵심 증거가 됩니다. 따라서 우리가 '가장 작고 약한 자'에게 얼마만큼의 몫을 배정하고 있는가는, 우리의 신앙과 윤리가 말이 아닌 삶으로 드러나는 자리입니다.

광주 양림동의 오래된 시장 한쪽 구석, 반찬가게를 운영하는 권 할머니는 매일 새벽마다 작은 반찬통 3개를 따로 준비합니다. 그 반찬은 시장 근처 쪽방촌 할아버지들과 치매 초기 어르신들을 위해 배달됩니다. 할머니는 장사로도 바쁜 와중에 이 일을 10년 넘게 해오고 있고, 반찬을 받을 때는 돈을 받지 않습니다. 기자가 "왜 하세요?" 묻자, 그녀는 이렇게 대답했습니다. "잘 먹고 잘사는 사람 말고, 그날 뭐라도 먹어야 하는 사람을 위해 내가 살아야지요." 이 한마디는, 그녀의 경제 윤리를 선명히 보여줍니다. 가장 작은 자의 몫을 먼저 챙기는 삶이야말로, 예수님께서 보시기에 가장 복된 경제학입니다.

-출처 : "할머니의 반찬통" – 광주 양림동 시장
(CBS 기독교방송 다큐멘터리 '골목의 기도' 2021)

부산의 한 초등학교에서 영양사로 일하는 조 선생님은, 매일 점심시간이 지나고 나면 우유 하나와 간식을 몰래 가방에 넣어두는 아이들을 발견했습니다. 알고 보니, 가정 형편이 어려워 집에서 아무것도 먹지 못하는 아이들이었습니다. 그 이후, 조 선생님은 매일 아침 출근 전에 '소박한 샌드위치와 두유'를 따로 싸서 그 아이들의 책가방 안에 조용히 넣어주기 시작했습니다. 누구도 모르게, 아무 이름 없이. 한 교사는 말했습니다. "그분은 학교 식당의 예산을 아껴서도 하고, 자기 월급으로도 하세요. 아이 하나의 허기를 그냥 못 넘기세요." 이런 행동이야말로, '보잘것없는 자의 몫'을 통해 드러나는 삶의 윤리이자, 하나님 나라의 사랑입니다.

– 출처 : "책가방 속 우유" – 부산 초등학교 영양사 선생님의 고백
(국민일보, 2023.02.09)

작은 자를 위한 경제에 대한 구체적인 실천 방안 5가지는 다음과 같습니다.

① **가계 예산에서 '작은 자의 몫' 항목을 만들라**

월 지출 예산 중 일정 비율을 '지극히 작은 자를 위한 항목으로 책정해 보세요. 예를 들어, 결식아동 도시락 후원, 고독사 예방 단체 후원 등. 작게 시작해도 됩니다. 가령, "5%의 정의" 실천도 좋습니다.

② **눈에 보이지 않는 이들의 필요에 민감하라**

교회나 이웃에 있는 소외된 사람들을 주목하고, 필요를 '묻지 말고 미리' 채워주는 훈련을 하세요. 예를 들어, "그 집 전기요금 밀렸대"라는 말에 조용히 도울 수 있습니다.

③ **남은 것이 아니라 '먼저 것'을 나누라**

여유 있을 때 하는 기부는 값지지만, 성경은 '가장 좋은 것, 먼저 드리는 것'을 하나님께서 기뻐하신다고 말합니다. 가령, 월급을 받으면 제일 먼저 소외 이웃의 몫부터 분리해 보는 것입니다.

④ **자녀와 함께 '작은 자의 경제'를 훈련하라**

자녀 용돈 중 일부를 함께 모아 어려운 친구 돕기, 직접 도시락 싸서 전달해보기 등 생활 속 나눔 교육을 해보세요.

⑤ **작은 비즈니스도 '작은 자 몫'을 품을 수 있다.**

가게를 운영하거나 직장에서 결정권이 있다면, 가난한 이웃을 고용하거나 후원하는 시스템을 만들 수 있습니다. 예를 들어, '착한 가게' 네트워크, 고용 취약자와의 계약 등이 있습니다.

당신의 돈은 당신의 신학입니다. 가장 보잘것없는 이를 어떻게 대하는지가 곧 당신의 경제 윤리이며, 그것은 결국 당신이 누구를 주인으로 삼고 살아가는지를 보여줍니다. 예수님은 당신의 큰 헌금보다, 작은 자에게 흘러가는 작은 사랑을 더 기억하십니다. 그러므로, 가장 연약한 이의 몫을 챙기는 삶이야말로, 하나님 나라의 진짜 부입니다.

제5계명 ▪ "이윤보다 정의 먼저!"
「 착취는 죄다 」

1. 이윤보다 정의를 우선하라.

성경적 근거 : "화 있을진저 외식하는 서기관들과 바리새인들이여! 너희가 박하와 회향과 근채의 십일조는 드리되, 율법의 더 중한 바 정의와 긍휼과 믿음은 버렸도다. 그러나 이것도 행하고 저것도 버리지 말아야 할지니라."(마태복음 23:23)

예수님께서는 종교 지도자들의 형식주의적 경건을 날카롭게 꾸짖으셨습니다. 그들은 율법의 외적인 의무, 예를 들어 박하,

회향, 근채 같은 조미료조차 십일조를 드릴 만큼 세밀하게 율법을 지켰지만, 그 율법의 핵심인 정의(dikaiosynē, δικαιοσύνη-디카이오시네), 긍휼(eleos, ἔλεος-엘레오스), 믿음(pistis, πίστις-피스티스)은 외면하고 있었습니다. 여기서 말하는 "정의"는 단지 법적인 공정함을 넘어서, 하나님의 의로우심에 근거한 공동체 내의 올바른 관계 맺기, 즉 약자 보호와 공평한 분배를 포함합니다. 예수님은 이러한 중심을 무시한 종교적 형식주의는 오히려 하나님께서 미워하시는 것이라고 선언하신 것입니다.

기독교 윤리에서 경제적 정의는 결코 부차적인 문제가 아닙니다. 오히려 하나님의 성품이 "공의롭고 자비로운 하나님"이심을 생각할 때, 그분의 백성은 마땅히 사회 구조 속에서도 이윤보다 정의를 앞세우는 삶을 살아야 합니다. 이윤 추구는 죄가 아닙니다. 그러나 이윤을 위해 사람을 수단으로 삼고, 그 결과 누군가가 착취당하거나 삶의 기반을 빼앗긴다면, 그것은 성경이 말하는 불의와 탐욕의 죄에 해당합니다. 하나님은 선지자들을 통해 줄곧 외쳤습니다. "너희가 가난한 자를 짓밟고… 공의를 비틀었다!"

(아모스 5장 참조) 신학자 월터 브루그만(Walter Brueggemann)은 "하나님은 공의가 없는 예배를 가증이 여기신다"라고 말하며, 경제 정의를 신앙의 실천으로 강조합니다. 그리스도인의 진정한 믿음은 기도와 찬송뿐 아니라, 자본의 흐름 속에서도 하나님의 정의를 구현하는 것에서 드러나야 한다는 것입니다.

1914년, 남극 탐험가 어니스트 섀클턴은 엔듀어런스호와 함께 남극을 향해 떠났습니다. 그러나 탐험 도중 배는 빙하에 갇히고 선원들은 극한의 생존 상황에 놓입니다. 이때 섀클턴은 가장 힘이 약한 자부터 따뜻한 옷과 음식을 배분했고, 모두가 똑같이 일하고 똑같이 나눴습니다. 그는 말합니다. "우리는 지금 이윤을 위한 기업이 아니다. 우리는 살아남기 위한 공동체다." 그 결과, 극한의 상황 속에서도 모든 선원이 살아 돌아오는 기적이 있었습니다. 그는 '정의'와 '배려'를 우선시함으로써, 구조가 무너질 수도 있었던 공동체를 지켜낸 것입니다.

– 출처 : '어니스트 섀클턴(Ernest Shackleton)'과 공정한 나눔
Alfred Lansing, 『Endurance: Shackleton's Incredible Voyage』

미국 아웃도어 기업 파타고니아(Patagonia)의 창업자 이본 쉬나드는 2022년 전 재산에 해당하는 회사를 환경과 사회정의를 위한 비영리재단에 기부했습니다. 그는 말합니다. "이제 지구가 우리의 유일한 주주다." 파타고니아는 항상 '지속 가능성'과 '공정 거래'를 기업 철학의 중심에 두었고, 이익보다 정의와 책임을 선택했습니다. 쉬나드는 말했습니다. "지구가 망하면 돈도, 주식도, 기업도 다 무의미하다."

– 출처 : '파타고니아' 창업자 이본 쉬나드(Yvon Chouinard)의 결정
The New York Times, 2022.09.14, "Billionaire No More: Patagonia Founder Gives Away the Company"

이 계명은 단순히 경제 윤리를 말하는 것이 아닙니다. 하나님 나라의 질서를 세상에 구현하는 제자도(discipleship)의 핵심 선언입니다. 우리 사회는 '이윤'을 미덕처럼 여기고 '성공'을 축복처럼 말하지만, 성경은 정의로운 거래, 공정한 노동, 약자 보호를 하나님께서 기뻐하시는 일이라 말합니다. "이윤보다 정의 먼저!"라는 이 계명은 다음과 같은 삶을 촉구합니다.

- 가난한 자를 이용하지 말고 도우라
- 공정한 대가를 지급하라
- 기업과 교회, 가정이 하나님의 공의를 닮은 구조를 만들라
- 기도보다 먼저 이웃의 고통을 살피라

하나님께서는 '얼마나 벌었는가'보다 '어떻게 벌었는가'를 보십니다. 공정하지 않은 부는 성경에서 언제나 하나님의 심판의 대상이었습니다. 정의가 없는 이윤은 결국 심판을 부릅니다. 그러므로 정의를 실천하는 것이, 믿는 자의 본질이며 하나님 나라 백성의 정체성입니다. "오직 정의를 물 같이, 공의를 마르지 않는 강 같이 흐르게 할지어다." (아모스 5:24) 이윤은 흘러야 하고, 정의는 스며들어야 합니다. 우리는 세상의 방식이 아니라 하나님의 나라 방식으로 살아야 합니다. "이윤보다 정의 먼저!" 이것이 바로 오늘 우리에게 주시는 신앙과 삶의 명령입니다.

2. 핵심 메시지
착취와 불의로 얻은 이익은 복이 아니라 저주다.

성경은 부 자체를 죄악시하지 않습니다. 그러나 그 부가 어떻게 얻어졌는가에 대해서는 매우 엄격한 기준을 제시합니다. 불의한 방법으로 쌓은 부는 하나님의 복이 아니라, 하나님의 심판의 대상입니다. 잠언 10장 2절은 말합니다. "불의의 재물은 무익하여도, 공의는 죽음에서 건지느니라." 예언자들은 수없이 외쳤습니다. "너희가 도량형을 속이고, 가난한 자의 등에서 떼어낸 빵으로 너희 궁궐을 짓는구나!"(미가 6장, 아모스 8장 요약) 오늘날 우리는 착취적인 경제 구조 속에서도 성공한 자를 존경합니다. 하지만 성경은 말합니다. "하나님 없는 부는 저주요, 이웃을 해친 부는 불의다." 교훈은 다음과 같습니다. "성공의 외양이 곧 복은 아니다. 공정하지 않은 수익은 하나님 앞에서 '저주'로 기록된다. 하나님은 '어떻게 벌었는가'를 가장 먼저 보신다. 우리가 만든 시스템 속에서 누가 고통받고 있는지를 살피는 것이 신자의 의무다."

벨기에의 국왕 레오폴드 2세(1835~1909)는 콩고 자유국(Congo Free State)을 개인 식민지처럼 소유하면서 고무 생산을 명목으로 수백만 명을 강제 노역과 고문, 학살로 죽게 만든 참상을 일으켰습니다. 당시 유럽으로 반입된 고무 수익은 레오폴드에게 막대한 부를 안겨주었고, 그는 유럽에서 "부유한 왕"으로 칭송 받았습니다. 그러나 이후 진실이 알려졌을 때, 그의 이름은 '저주의 왕', '식민학살자'로 역사에 남게 됩니다. 그가 건설한 건물들과 동상들은 이후 후손들에게도 논란의 대상이 되었고, 벨기에 시민들은 그의 동상을 철거하거나 낙서로 비난하며 "이 부는 피 위에 세워진 것이다"라고 외쳤습니다.

- 출처 : "불의한 재벌이 남긴 '저주의 유산' – 레오폴드 2세의 콩고 지배"
Adam Hochschild, 『King Leopold's Ghost』 (Mariner Books, 1998)
BBC 다큐멘터리

사람의 눈에 보이는 성공과 재산이 '축복'처럼 보일 수 있지만, 그것이 착취와 불의에서 비롯되었다면, 결국 그 부는 심판의 증거이자 후손들에게도 '저주의 유산'이 될 수 있습니다.

미국 시애틀에 있는 결제 처리 회사 그래비티 페이먼츠(Gravity Payments)의 CEO였던 댄 프라이스(Dan Price)는 2015년 어느 날 놀라운 결정을 발표했습니다. 그는 자신의 연봉 110만 달러를 7만 달러로 삭감하고, 직원 전원의 연봉을 최소 7만 달러 이상으로 인상하겠다고 선언했습니다. 이는 당시 미국 평균 노동자의 급여를 두 배 이상 뛰어넘는 파격적인 조치였고, 회사의 이익은 단기적으로 줄어들 수밖에 없는 선택이었습니다. 그의 이 결정은 단지 복지나 시혜 차원이 아니었습니다. 그는 "불평등은 생산성과 인간다움을 모두 해친다"라고 믿었습니다. 어느 날 한 직원이 눈물을 흘리며 이렇게 고백했다고 합니다. "이제야 인간답게 살 수 있을 것 같아요. 고맙습니다." 놀랍게도 이 결단 이후, 직원들의 충성도와 생산성이 오히려 증가했고, 회사는 몇 년 후 더 큰 수익을 기록하며 건강하게 성장했습니다.

- 출처 : "이익을 버리고 신념을 지킨 CEO – 댄 프라이스(Dan Price)"
The New York Times, "A Company C.E.O. Pays Everyone $70,000,"
April 2015. Dan Price, Gravity Payments official site

당장 이윤보다 사람을 살리는 정의를 택한 프라이스의 결정은 세상이 말하는 '성공'과는 다르지만, 하나님 나라의 원리에 더 가까운 선택이었습니다. 그는 단지 좋은 CEO가 아니라, 정의로운 청지기였던 셈입니다.

"착취와 불의로 얻은 이익은 복이 아니라 저주다"라는 이 메시지는 단순히 도덕적 경고가 아닙니다. 하나님의 성품을 닮은 정의와 공의의 요청입니다. 세상은 성과와 효율을 기준으로 사람을 평가하지만, 하나님은 정의와 긍휼로 행한 사람을 기억하십니다. 착취는 단지 불법이 아니라, 하나님의 형상을 지닌 사람을 해치는 죄입니다. 부는 '무엇을 가졌는가'가 아니라, '누구를 살렸는가'로 평가받을 것입니다. 예수님께서 "가장 작은 자 하나에게 한 것이 곧 내게 한 것"이라 하셨듯이, 우리는 우리의 수익 구조와 소비 방식, 투자 방향까지도 하나님 앞에 올바름과 공의를 따라야 합니다. 결국 진정한 복은 정의로운 손에 주어질 때, 그것이 참된 은혜가 됩니다. 하나님의 복은 늘 사람을 살리는 방향으로 흐릅니다. 그리고 그 복은 반드시 정의로운 자의 손을 통해 흘러가게 되어 있습니다.

3. 실천 원리
정의가 없는 자본은 곧 탐욕의 구조다.

현대 자본주의는 이윤 극대화를 최우선 가치로 삼습니다. 문제는 이 과정에서 '정의'가 희생될 때, 자본은 사람을 위한 도구가 아니라 사람을 소비하는 구조가 된다는 것입니다. '정의가 없는 자본'은 다음과 같은 문제를 낳습니다.

- 노동의 공정한 대가가 무시됨
- 소수의 이익을 위해 다수가 희생됨
- 약자의 권리가 구조적으로 짓밟힘
- 탐욕이 윤리와 신앙을 압도함

성경은 단호하게 말합니다. "돈을 사랑함이 일만 악의 뿌리"(디모데전서 6:10). "공평과 정의를 행하는 것이 여호와께 제사를 드리는 것보다 기쁘시니라"(잠언 21:3). 따라서 정의가 없는 자본은 단순한 부조리가 아니라, 탐욕의 시스템이며, 그것은 죄의 구조가 될 수 있습니다.

2013년 방글라데시의 수도 다카 외곽에 있는 의류공장 라나 플라자가 붕괴하여, 1,100명 이상이 사망하고 수천 명이 부상했습니다. 이곳은 세계적인 패션 브랜드의 하도급 공장으로, 안전 기준을 무시한 채 저임금과 과로에 시달리던 노동자들이 일하고 있었습니다. 가장 충격적인 것은 붕괴 하루 전날 건물 균열이 발견되었는데도, 작업 중단 시 계약 위반으로 불이익을 받을까 두려워 계속 일을 시킨 것이었습니다.

- 출처 : "라나 플라자 붕괴 – 패스트패션 뒤에 숨은 구조적 죄악"
Clean Clothes Campaign Documentary: The True Cost (2015)

우리가 싸게 사는 옷 뒤에는 누군가의 생명과 고통이 숨어 있을 수 있습니다. 이는 소비자의 잘못이라기보다는 정의가 없는 자본이 만든 구조적 탐욕의 결과입니다.

2008년, 미국발 금융 위기는 세계 경제를 흔들었습니다. 그 원인은 '서브프라임 모기지'라는 부실 대출을 이용해 금융기관들이 고수익을 노리고 위험한 투자를 한 것이었습니다.

이들은 사람들의 주택 담보 대출을 상품처럼 포장해 팔고, 고의로 파산을 유도하거나 알면서도 방관했습니다. 그 결과 수백만 명이 집을 잃고, 수많은 중산층 가정이 파산했습니다. 그러나 위기를 만든 핵심 금융인들은 막대한 보너스를 받고 퇴사했습니다. 정의는 무너지고, 탐욕은 구조화되었습니다.

- 출처 : "2008년 세계 금융 위기 – 탐욕이 만든 재앙"
영화 The Big Short (2015) Michael Lewis, 『The Big Short』 (2010)

정의가 없는 금융 시스템은 사회 전체를 위험에 빠뜨릴 수 있습니다. 탐욕은 개인의 죄가 아니라, 제도화되면 공동체 전체를 병들게 합니다.

'이윤보다 정의 먼저'에 대한 구체적인 실천 방안 5가지는 다음과 같습니다.

① 공정무역 상품을 선택하라

착취 없는 커피, 초콜릿, 의류 등을 구매함으로써 정의로운 소비를 실천할 수 있습니다. 실천적 사랑은 "어디서, 어떻게 만들어졌는가"에 대한 관심에서 시작 됩니다.

② 윤리적 기업을 지지하라

임금과 근로조건을 공정하게 유지하는 기업을 알고, 그들의 상품과 서비스를 우선 이용하세요. 불의한 기업엔 "불매"가, 정의로운 기업엔 "응원"이 정의입니다.

③ 돈의 흐름을 점검하라

내 자산이 투자된 펀드, 보험, 은행이 불의한 산업(예: 환경파괴, 무기, 아동노동 등)에 관련되었는지 점검하고, 가능하면 ESG(환경, 사회, 지배구조) 기준에 부합하는 상품으로 전환합니다.

④ 교회와 공동체 내에서 공정한 나눔을 실천하라

예산과 헌금을 운영할 때도, 사회적 약자와 지역 사회를 고려한 정의로운 재정 분배를 고민해야 합니다.

⑤ 탐욕에 저항하는 신앙 훈련을 하라

정기적으로 절제, 금식, 나눔의 훈련을 하며, 소비 중심의 신앙에서 벗어나 자족과 나눔의 영성을 회복해야 합니다.

"정의가 없는 자본은 곧 탐욕의 구조다!"는 말은 단지 도덕적 훈계가 아닙니다. 그것은 예수님이 탁자 위를 뒤엎으며 성전을 정결케 하셨던 분노의 외침과 맞닿아 있습니다. 오늘날 우리가 마주한 불의한 구조는 한 사람의 탐욕이 아니라, 정의가 배제된 이윤 중심의 시스템에서 비롯됩니다. 그리고 성도는 이 구조를 비판할 뿐 아니라, 다른 삶으로 저항해야 합니다. 하나님 나라는 탐욕이 아니라 정의로 운영됩니다. 정의가 없는 자본에서 벗어나려는 우리의 작은 결단 하나하나가, 바로 그 나라의 씨앗이 됩니다.

제6계명 ▪ "탐심은 현대의 금송아지"
「 욕망을 우상 삼지 말라. 」

1. 탐심을 경계하라, 그것은 우상숭배다.

성경적 근거 : "그들에게 이르시되 삼가 모든 탐심을 물리치라 사람의 생명이 그 소유의 넉넉한 데 있지 아니하니라 하시고"(누가복음 12:15)

예수께서는 누가복음 12장 15절에서 이렇게 말씀하셨습니다. "삶이 그 소유의 넉넉한 데 있지 아니하니라." 이 구절은 인간 존재의 진정한 가치는 물질적 풍요나 소유의 많고 적음에 있지 않다는 선언입니다. 당시 유대 사회에서는 부와 물질의 축적이 하나님의 복이라는 인식이 강했습니다. 그러나 예수는 전혀 다른 관점을 제시하셨습니다. 이 말씀은 부자와 어리석은 농부(누가복음 12:16-21)의 비유와 연결되며, 소유를 삶의 중심으로 삼는 것이 얼마나 허망한지를 경고합니다. 신학적으로, 바울은 골로새서 3장 5절에서 더 강하게 경고합니다. "탐심은 곧 우상숭배니라." 탐심(헬라어 pleonexia,πλεονεξία-플레오넥시아)은 단순한 욕망을 넘어, 하나님보다 더 갈망하는 대상이 마음속에 자리 잡는 것입니다. 이는 곧 금송아지를 만든 이스라엘 백성의 죄와 같습니다. 하나님 대신 '눈에 보이는 것'을 의지하고, 결국 그것을 삶의 중심, 신뢰의 대상으로 삼은 것이기 때문입니다.

칼빈은 기독교강요에서 인간의 마음을 "우상 제조 공장"이라 말했습니다. 그 말처럼 오늘날 현대인에게도 탐심은 '눈에 보이지 않는 금송아지'이며, 그것은 소비, 성과, 소유, 성취 등의 다양한 모습으로 포장되어 작동합니다. 오늘날의 금송아지는 '내가 원하는 것'을 절대화하는 탐심이며, 하나님을 떠난 인간의 마음은 끊임없이 새로운 우상을 만들어냅니다. 그 어떤 것도 하나님의 자리를 대신할 수 없지만, 인간은 자주 그것을 망각합니다.

  뉴욕 맨해튼의 한 금융가가 있었습니다. 그는 벤틀리 한 대와 펜트하우스, 고급 브랜드 옷과 시계를 가졌고, 모든 사람이 부러워하는 인생을 살았습니다. 그런데 어느 날 갑작스레 화재가 발생하여 그의 집과 자동차가 모두 불타버렸습니다. 주변 사람들은 "그래도 가족은 무사하니 다행"이라며 위로했지만, 그는 오히려 모든 것을 잃었다며 삶을 포기하려 했습니다. 이 이야기는 단순한 슬픔을 넘어, 그가 자신의 정체성과 가치를 물질에 두었음을 보여줍니다. 그의 삶의 중심은 하나님이 아닌 '소유'였습니다. 그것이 사라졌을 때, 그는 더 이상 살아갈 이유를 느끼지 못했습니다. 이것이 바로 탐심이 만들어낸 우상숭배의 결과입니다.

– 출처 : "불타버린 벤틀리" 팀 켈러, 『하나님을 믿는다』
(The Reason for God), 두란노

  C.S. 루이스는 인간의 마음속에는 "이 세상의 어떤 것으로도

채울 수 없는 빈자리"가 있다고 말합니다. 그리고 그 빈자리는 하나님으로만 채워질 수 있는 공간이라고 했습니다. 그는 어린 시절부터 좋은 성적, 사랑, 명예, 지위, 학문 등 다양한 것으로 그 허기를 채우려 했지만, 언제나 '조금 부족한' 상태를 느꼈다고 고백합니다. 결국 그는 자신이 갈망하는 대상이 세상의 것이 아니라, 초월적 존재 곧 하나님임을 깨달았습니다. 우리도 마찬가지입니다. 욕망은 채우면 채울수록 더 큰 갈망으로 돌아옵니다. 그리고 그 과정에서 우리는 하나님이 아닌 '그 무엇'을 끊임없이 붙들게 됩니다. 결국 탐심은 하나님을 대신하는 대체 신을 만드는 행위입니다.

- 출처 : "풀리지 않는 채움" C.S. 루이스, 『순전한 기독교』(Mere Christianity), 홍성사

"탐심은 현대의 금송아지"라는 말은 단순한 비유가 아니라, 영적 진실을 드러내는 선언입니다. 오늘날의 우리는 물리적 금송아지를 만들지는 않지만, 우리 마음속에 수많은 형태의 우상을 만들며 살아갑니다. 탐심은 단지 물질을 많이 소유하고자 하는 욕망이 아닙니다. 그것이 곧 나를 지켜줄 것이라는 믿음, 그리고 그것이

나의 삶을 의미 있게 해 줄 것이라는 착각이 탐심의 본질입니다. 예수님은 삶의 풍성함이 소유에서 나오는 것이 아니라, 하나님과의 관계에서 온다고 하셨습니다. 그러므로 우리가 해야 할 일은 탐심을 분별하고, 그것을 끊임없이 내려놓으며, 마음을 새롭게 하여 하나님을 향하도록 훈련하는 것입니다. 우리는 무엇을 가장 두려워합니까? 그리고 무엇이 사라질 때 가장 공허함을 느낍니까? 그 자리에 있는 것이 우리 마음의 금송아지일 가능성이 큽니다. 하나님 외에는 아무것도 우리의 중심에 있어서는 안됩니다.

2. 핵심 메시지

끝없는 소유욕은 영혼을 병들게 한다. 탐심은 현대의 가장 정교한 우상이다.

탐심($\pi\lambda\varepsilon$ονεξία, pleonexia)은 단순한 '욕망' 이상의 것입니다. 이는 인간의 마음속에 있는 끝없는 결핍감과 연결되어 있습니다. 사람은 무엇인가를 소유하면 만족할 것이라 믿지만, 더 많이, 더 크고, 더 새로운 것을 원하게 되는 무한 순환에 빠져듭니다. 이러한 끝없는 갈망은 인간의 영혼을 서서히 마르게 하고 병들게 합니다. 영혼은 본래 하나님으로부터 생명을 공급받도록 창조되었지만, 탐심은 하나님 외의 것에서 충만함을 찾도록 유혹합니다. 결국 탐심은 인간을 하나님으로부터 분리하는 정교한 영적 함정이 됩니다. 오늘날의 탐심은 눈에 띄는 물신(物神)처럼 우둔하지 않습니다.

탐심(πλεονεξία, pleonexia)은 단순한 욕망이나 필요의 차원을 넘는, 영적 병리입니다. 이 단어는 그리스어 pleon(더 많이)과 echo(가지다)의 합성어로, 끊임없이 더 가지려는 상태, 즉 결핍의 환상에 사로잡힌 상태를 의미합니다. 인간의 영혼은 본래 하나님의 형상대로 창조되어, 하나님과의 관계 속에서만 충만해질 수 있습니다. 그러나 탐심은 하나님 외의 것을 붙들며, 물질이나 성취, 명예, 심지어 영적 은사조차 자신의 영혼을 채울 도구로 삼습니다. 이때 탐심은 더 이상 단순한 감정이 아니라, 하나님보다 더 의지하고 사랑하는 대상을 중심에 두는 우상숭배가 됩니다(골로새서 3:5). 오늘날 우리는 그것을 "비전", "성공", "자기계발", "가족의 행복" 같은 선한 이름으로 감춥니다. 그러나 그것이 하나님보다 앞선다면, 아무리 고상한 것이라도 정교한 금송아지가 됩니다. 이처럼 현대의 우상은 '정교하게' 위장된 형태로 존재하며, 때로는 도덕적인 것처럼, 혹은 성취해야 할 가치로 보이기도 합니다. 따라서, 영적으로 깨어 있는 삶은 곧 탐심을 분별하는 삶이며, 하나님의 주권을 인정하고 자족(自足)을 배우는 삶이 진정한 믿음의 여정입니다.

스티브 잡스는 현대 자본주의의 상징 같은 인물이었습니다. 그는 애플을 통해 혁신과 성공의 아이콘이 되었고, 막대한 부를 축적했습니다. 그러나 췌장암 판정을 받고 투병하던 시절, 그는 병상에서 이런 회고의 말을 남겼습니다. "나는 비즈니스 세계에서 성공의 정점을 찍었다. 그러나 그것은 삶의 의미와는 전혀 다른 문제다. 침대 위에서 기계 소리에 둘러싸인 지금, 나는 삶이란 관계와 사랑이 전부라는 것을 깨달았다." 잡스는 말년에, 소유나 성취로는 인간의 공허를 메울 수 없음을 고백했습니다. 그는 마지막 순간, 애플도, 아이폰도, 억만장자의 타이틀도 자신의 영혼을 지켜주지 못한다는 사실을 인정했습니다. 이 이야기는 탐심이 약속하는 '충만함'이 얼마나 허망한 것인지, 그리고 인간의 영혼은 결국 하나님이 주신 사랑과 관계 안에서만 회복될 수 있음을 깊이 일깨워줍니다.

- 출처 : "스티브 잡스의 후회" 《포브스(Forbes)》,
2011년 작고 전후 병상에서의 회고담

미국에서 잘나가는 다큐멘터리 감독이었던 제이슨 러셀(Jason Russell)은, 한때 명성, 영향력, 성공을 좇는 삶에 깊이 몰입해 있었습니다. 그는 '코니 2012(KONY 2012)' 캠페인을 통해 명성을 얻었고, 언론과 팬의 주목을 한 몸에 받았습니다. 하지만 그는 어느 순간 심각한 공황장애와 자아 붕괴를 겪게 됩니다. 명성은 오히려 그의 영혼을 병들게 했고, 그를 무너뜨렸습니다. 이후 그는 아프리카 케냐로 들어가, 빈곤 아동과 함께하며 자원봉사를 시작했습니다. 그는 이렇게 고백합니다. "나는 예전엔 '더 많은 사람 앞에 서는 것'이 인생의 목적이라 믿었어요. 그런데 아이들의

미소를 보며 깨달았어요. 내 영혼이 진짜 원하는 건, 주목이 아니라 주님의 시선 속에서의 평안이란 걸요." 이 고백은 탐심에서 벗어나는 자각의 순간, 하나님 안에서 자족을 배우는 회복의 과정을 보여줍니다. 그는 더 이상 '많이 가지려는 자'가 아닌, '하나님과 함께 있는 자'로 살아가고 있습니다.

– 출처 : "케냐 선교사 제이슨 러셀의 깨달음" Compassion International 인터뷰, 2017

탐심은 현대의 가장 정교한 우상입니다. 그것은 대놓고 우리를 유혹하지 않습니다. 오히려 합리적이고 효율적이며, 도전적인 이름으로 포장되어 다가옵니다. "더 나은 삶을 위해", "가족을 위해", "하나님을 잘 섬기기 위해"라는 이유조차 하나님보다 더 원하는 무언가가 우리 안에 있음을 숨기기 쉽습니다. 그러나 그 모든 바람과 소유욕 뒤에는 하나님 없는 채움이 있으며, 그것은 결국 영혼을 병들게 합니다. 사도 바울은 디모데전서 6장 6절에서 이렇게 말합니다. "경건은 큰 이익이 되느니라, 자족하는 마음이 있으면." 진정한 부요는 하나님 안에서 자족하는 마음을 배우는 데 있습니다. 우리가 더 많이 가지려는 욕심을 내려놓고, 하나님이 주신 것에 감사하고 기뻐하는 삶으로 나아갈 때, 우리의 영혼은 병이 아닌 생명과 평안을 누리게 됩니다.

3. 실천 원리

만족은 재물의 크기에서 오는 것이 아니라,
하나님의 임재에서 온다.

오늘날 세상은 우리에게 끊임없이 "더 많이 가져야 만족할 수 있다"라고 속삭입니다.

그러나 성경은 정반대의 진리를 선언합니다. "자족하는 마음이 있으면, 큰 이익이 되느니라."(디모데전서 6:6) 진정한 만족은 소유의 넉넉함에서 오는 것이 아니라, '하나님이 지금 여기에 함께 계시다'는 임재의 확신에서 나옵니다. 하나님의 임재 안에 거할 때, 인간의 마음은 "더"가 아닌 "이미" 주어진 은혜로 충분하다고 느끼게 됩니다. 만족은 결국 관계의 열매입니다. 하나님과 깊은 관계 속에서, 우리는 현재의 조건이 아니라 존재 자체에서 만족을 경험하게 됩니다. 하나님의 임재는 세상이 줄 수 없는 평안과 충만을 주며, 재물이 주는 일시적 안도감과는 전혀 다른, 영원한 안정감을 제공합니다.

조지 뮬러는 19세기 영국의 고아들을 돌보던 신앙인이었습니다. 하루는 보육원에 음식 한 조각도 없고, 돈도 없는 아침이었습니다. 그는 고아들과 함께 식탁에 둘러앉아 하나님께 감사기도를 드렸습니다. "하나님, 오늘도 우리의 필요를 아시고 채우시는 분이심을 믿습니다. 감사합니다." 기도를 마치자마자 문이 두드려졌고, 빵을 실은 마차가 고장 나 근처에 있던 제빵사가 음식을 기부하러 왔습니다. 곧이어 우유 배달마차 마저 고장이 나, 우유까지 전달되었습니다. 조지 뮬러는 하나님의 임재와 신실하심에 만족하며 살았던 사람이었습니다. 그에게 있어서 재물의 유무는 만족의 조건이 아니라, 기도와 믿음의 재료였습니다.

– 출처 : "조지 뮬러의 아침 식탁", 『조지 뮬러 자서전』, 생명의말씀사

루마니아 공산정권 치하에서 복음을 전하다 투옥된 목사 리처드 범브란트는 혹독한 고문과 굶주림 속에서도 하나님의 임재를 경험하며 찬양을 멈추지 않았습니다. 그는 말했습니다. "나는 감옥 속에서도 자유로웠습니다. 하나님이 내 감방 안에 계셨기 때문입니다." 그는 물질, 자유, 편안함을 모두 박탈당했지만, 하나님의 임재 안에서 풍요로웠고 찬양으로 가득 찼습니다. 이 사례는 외적 조건과 관계없이 하나님의 임재가 만족의 근원임을 강력하게 증거합니다.

-출처: "감옥에서 부른 찬양"
『순교자의 소리 - 감옥에서 찬양한 목회자 리처드 범브란트 이야기』, VOM

욕망의 우상을 이겨내는 구체적인 실천 방안 5가지를 살펴보도록 하겠습니다.

① 하루의 시작과 마무리를 '감사기도'로 하자

하루에 두 번 이상, 지금 가진 것에 대한 감사를 기록하거나 말로 고백합니다. 감사는 부족함보다 하나님의 임재에 주목하게 하는 영적 훈련입니다.

② **소유 중심의 비교를 멈추고, 관계 중심의 은혜를 되새기도록 하자**
SNS나 광고 등 비교와 소비를 조장하는 환경을 제한합니다. 대신 하나님과의 기도 시간, 찬양, 말씀 묵상을 정기적으로 갖습니다.

③ **'가지고 있는 것'이 아니라 '누구와 함께 있는가'를 기준으로 삼자**
어떤 상황에서도 "지금 주님이 나와 함께 하신다"라는 고백을 연습합니다. 필요할 때마다 "임마누엘"이라는 한 단어로 마음을 되돌립니다.

④ **주어진 것 중 일부를 '기쁨으로 나누는 실천'을 하도록 하자**
나눔은 소유의 우상을 깨고, 하나님이 공급자이심을 체험하는 길입니다. 정기적으로 작은 헌금, 기부, 나눔을

실천하며 마음을 새롭게 합니다.

⑤ 정기적으로 '침묵과 고요'의 시간을 갖도록 해보자
하나님의 임재는 시끄러운 경쟁보다 고요한 묵상 중에 더 분명하게 체험됩니다.

매일 일정 시간을 정해 아무 말 없이, 그저 하나님 앞에 머무는 훈련을 합니다.

하나님이 지금 '내 곁에 계시다'는 진실이 당신의 하루를 기쁨과 만족으로 바꾸실 수 있습니다. 만족은 더 많이 가짐에서 오는 것이 아니라, 더 가까이 계신 하나님을 인식하는 데서 오는 은혜입니다.

제7계명 ▪ "네 통장은 통로인가, 탱크인가?"
「 재물은 흘러야 산다. 」

1. 무리하게 쌓지 말고, 기꺼이 흘려보내라

성경적 근거 : "받은 대로 거저 주어라."

(마태복음 10:8 하반절)

예수께서 제자들을 세상으로 파송하시면서 주신 이 말씀은, 은혜의 본질과 제자의 삶의 자세를 담고 있습니다. "받은 대로 거저 주어라."는 이 명령은 헬라어 원문으로 보면 다음과 같은 두 가지 동사가 핵심입니다. ἐλάβετε (elabete-엘라베테) - "너희가 받았다."(과거형, 완성된 은혜의 수동적 수혜자) δότε (dote-도테)

-"주어라." (현재형 명령문, 능동적 나눔의 실천자) 즉, 하나님의 은혜는 인간의 노력이나 자격이 아니라 오직 '거저' 받은 것이며, 그 은혜의 본질은 다시 흘려보내는 데 있다는 것을 강조하는 구절입니다. 이것은 단지 '물질적인 나눔'에 국한되지 않습니다. 예수께서는 이 구절 앞뒤에서 병든 자를 고치고, 귀신을 쫓으며, 죽은 자를 살리는 사역을 명하시며, 그런 모든 사역은 "받은 은혜에 대한 응답"이어야 한다고 말씀하신 것입니다.

신학적으로 이 말씀은 하나님 나라의 재정 원리를 반영합니다. 하나님의 경제는 쌓아두는 방식이 아니라 흘려보내는 방식입니다. 이스라엘에 만나를 주실 때도 "하루치만 거두라"고 하셨고(출애굽기 16장), 어리석은 부자는 곳간을 더 크게 지으려다 결국 하나님께 생명을 도로 빼앗깁니다(눅 12:16~21). 하나님의 은혜는 '탱크'에 저장하라고 주어진 것이 아니라, '통로'를 통해 흘러가도록 주어진 것입니다. 우리는 "소유자(owner)"가 아니라 "청지기(steward)"입니다. 받았다는 것은 곧 '흘릴 책임'이 있다는 뜻입니다.

어린아이가 내놓은 보리떡 다섯 개와 물고기 두 마리를 예수께서 받으시고, 감사하신 후 떼어 제자들에게 나누어 주셨습니다. 그리고 그들은 수많은 무리에게 그 음식을 나누어 주었고, 오천 명이 먹고도 열두 광주리가 남았습니다. 이 사건은 단지 '기적의 놀라움'을 말하는 것이 아닙니다. 나눌 때 더 풍성해진다는 하나님의 공급 원리를 보여줍니다. 어린아이의 작은 헌신이 하나님의 손을 통해 '흘러가는 통로'가 되었을 때, 감당할 수 없는 은혜가 흘러나온 것입니다.

- 출처 : "열두 광주의 기적" 요한복음 6장, 오병이어의 기적

존 웨슬리(1703~1791)는 감리교 창시자이며, 청빈한 삶과 나눔의 실천으로 유명한 인물입니다. 그는 옥스퍼드 시절, 학생 때부터 수입 일부가 아니라 대부분을 흘려보내는 삶을 살기로 결단했습니다. 처음 강사로서 연 30파운드를 벌었을 때, 그는 28파운드로 생활하고 2파운드를 이웃을 위해 사용했습니다. 이후 수입이 60파운드, 90파운드, 120파운드로 늘어났지만, 그는 여전히 자신의 생활비는 28파운드로 고정한 채, 늘어난 수입을

모두 가난한 이웃과 선교를 위해 흘려보냈습니다. 한 해에는 무려 수입의 92%를 나눔에 사용했습니다. 그는 이렇게 말했습니다. "그리스도인이 돈을 대하는 법은 세 가지입니다. 많이 벌고, 검소하게 쓰고, 아낌없이 나누는 것. 이 셋 중 하나라도 빠지면, 신앙은 거짓이 됩니다." 그는 당시 영국이 감리교회를 의심하던 시절, 고급 식기나 은 제품을 거의 소유하지 않았으며, 국세청이 그의 부를 조사했을 때, "은그릇이 없고, 마음에 금은 있다"라고 대답했습니다. 그는 자신이 은혜로 받은 복을 탱크가 아니라 통로처럼 흘려보낸 삶의 대표적 인물입니다.

- 출처 : "존 웨슬리의 삶의 기준 – '더 벌고, 더 절약하고, 더 나누라'"
《The Journal of John Wesley》, 기독교고전 / 전기적 기록들

"받은 대로 거저 주어라." 이 말씀은 신앙의 수직적 은혜가 수평적 나눔으로 이어져야 함을 뜻합니다. 하나님께 받은 은혜, 물질, 시간, 재능은 탱크처럼 쌓아두기 위한 것이 아니라, 통로처럼 흘려보내기 위한 것입니다. "네 통장은 통로인가, 곡간인가?" 이 질문은 곧 우리의 신앙 태도에 관한 질문입니다.

하나님의 은혜는 썩지 않게, 고이지 않게, 늘 흘러야 살아납니다. 우리가 이 땅에서 흘려보낸 것들은 결국 하늘 창고에 쌓이는 보물이 됩니다. 예수님은 말씀하십니다. "너희 보물을 하늘에 쌓아두라." (마태복음 6:20) 흘려 보내는 믿음, 나누는 삶, 통로의 기쁨이 있는 인생 그것이 곧 하나님의 나라를 사는 삶입니다.

2. 핵심 메시지

물은 고이면 썩는다. 자본도 마찬가지다.
순환하는 자본이 건강하다.

물은 고이면 썩습니다. 자연의 섭리입니다. 흐르지 않는 물은 산소를 잃고, 이끼가 끼며, 결국 생명을 죽이는 독이 됩니다. 자본도 마찬가지입니다. 자본이 한 개인이나 소수 집단의 손에 고여 쌓이기만 할 때, 그것은 곧 사회 전체에 고통을 유발하는 독소가 됩니다. 축적된 자본은 부의 편중을 불러오고, 기회와 자원의 불균형을 심화시켜 결국 '경제적 병리 현상'을 낳습니다. 주거 불안, 청년 실업, 고령 빈곤, 교육 격차 같은 문제들은 이처럼 고여 있는 자본이 흘러가지 않기 때문에 생깁니다.

그러나 자본이 흐를 때, 상황은 완전히 달라집니다. 자본이 공정하게 유통되고, 사회 전반에 걸쳐 순환되며, 약자에게도 도달할 수 있을 때, 자본은 생명을 살리는 도구가 됩니다. 기업이 정당한 수익을 지역 사회에 재투자하고, 시민들이 소비와 기부를 통해 선순환의 고리를 만들어갈 때, 그 자본은 사람을 먹이고, 교육을 일으키며, 공동체를 건강하게 만듭니다. 성경에서 말하는 하나님의 경제는 이와 같은 '흐름의 경제'입니다. 구약의 희년법은 50년마다 모든 빚을 탕감하고, 토지를 원주인에게 돌려주는 놀라운 제도였습니다. 이는 부의 고착화와 자본의 축적을 막아 공동체 전체의 균형을 도모하려는 것이었습니다. 신약의 초대교회도 마찬가지입니다. 사도행전 2장에 보면, "믿는 사람이 물건을 서로 통용하고 각 사람의 필요를 따라 나누어 줌으로" 공동체 안에 부족함이 없었다고 기록되어 있습니다.

하나님께서 기뻐하시는 자본의 모습은 '쌓임'이 아니라

'흐름'입니다. 재산이 흘러야 사랑도 흐르고, 공동체도 살아납니다. 자본이 머물러 있을 때 그것은 탐욕이 되고, 흘러갈 때 그것은 은혜가 됩니다. 우리가 가진 자본이 축적을 위한 수단이 아니라 섬김과 순환의 통로가 될 때, 우리는 이 땅에서 하나님의 나라를 살아내는 것입니다. 그러므로 진정한 부유함은 '얼마나 쌓았는가'가 아니라 '얼마나 나누었는가'로 측정되어야 합니다. 이제 우리는 자본이 썩지 않도록 흐르게 해야 합니다. 기부와 투자, 나눔과 소비의 방향을 다시 고민해야 합니다. 개인의 통장 속에만 머무는 자본이 아니라, 세상의 어두운 곳으로 흘러가는 자본이 될 때, 그것은 단순한 돈이 아니라 생명을 살리는 강물이 됩니다.

밀턴 허시(Milton S. Hershey)는 미국의 대표적인 초콜릿 제조업체 허시(Hershey's)의 창업자입니다. 그는 사업으로 큰 성공을 거두었지만, 부를 쌓는 데 그치지 않고 재단과 마을 공동체 조성에 자본을 순환시키는 삶을 살았습니다. 그는 1909년 부인과 함께 '허시 산업 학교(Hershey Industrial School)'를 설립해 부모를 잃은 고아들을 위한 교육과 주거를 제공했습니다. 놀라운 점은, 1918년 자신이 보유한 허시 주식 3천만 달러(현재 약 10억 달러 가치)를 학교 재단에 기부한 것입니다. 이 자본은 지금까지도 학교 운영과 장학 사업에 사용되고 있습니다. 그는 말했습니다.

"부는 머무르게 하지 말고, 삶으로 나누어야 한다. 그래야 진짜 단맛이 있다. 기업가 정신은 자본 축적보다 자본 순환에서 빛난다. 고인 돈은 썩지만, 흐르는 돈은 사람을 살린다."

– 출처 : Hershey 초콜릿의 창업자 밀턴 허시의 순환 자본 이야기
The Hershey Company Official Archives
Smithsonian Magazine, "The Sweet Legacy of Milton Hershey" (2014)

2009년 경기 불황으로 청년 실업과 고시촌 빈곤 문제가 심각하던 시기, 서울 관악구 신림동 고시촌의 한 청년이 "천 원으로 한 끼를 제공하자"라는 생각으로 시작한 '천원의 식탁'이 있었습니다. 이 운동은 기업 후원이나 정부 지원 없이 시작되었고, 직장인들이 자발적으로 월 1만 원씩 기부하여 식자재를 구매

했습니다. 지역 식당들은 인건비를 받지 않고 요리했고, 청년 수험생들은 천 원만 내고 식사했습니다. 몇 년간 이 시스템은 자생적으로 유지되었으며, 수많은 청년에게 큰 위로와 도움이 되었습니다. 이 운동은 "작은 자본이 흐를 때, 사회는 숨을 쉰다"라는 교훈을 보여준 대표적 사례입니다. 고여 있던 직장인들의 잔돈이 청년의 삶을 살렸고, 순환하는 자본이 희망이 되었습니다. 거대한 기부보다 중요한 것은 작은 자본이 순환하는 구조입니다. 정체된 돈은 의미 없지만, 흘러가는 돈은 사람을 먹이고 살립니다.

- 출처 : 2009년 한국 '천원의 식탁' 운동 – 청년의 나눔 실천
한국일보, 2011.10.22 "고시촌의 천원의 식탁, 연대가 만든 밥상"
KBS 다큐멘터리 〈사람과 사람들: 천원의 기적〉 (2012년 방송)

자본은 본래 나쁜 것도, 선한 것도 아닙니다. 그것이 어떻게 사용되느냐에 따라 생명을 살릴 수도, 병들게 할 수도 있습니다. 고인 물이 썩듯이, 고여 있는 자본은 필연적으로 부패합니다. 한 손에 과도하게 집중된 부는 사회의 균형을 무너뜨리고, 희망을 가로막습니다. 그러나 자본이 흐르기 시작할 때, 그 힘은 완전히 달라집니다. 순환하는 자본은 일자리를 만들고, 소외된 이들을

돕고, 다음 세대를 교육할 수 있게 하며, 공동체를 회복시킵니다. 하나님의 나라 경제는 "흘러가는 은혜의 구조"입니다. 구약의 희년법은 자산의 재분배를 통해 사회를 새롭게 하셨고, 초대교회의 나눔은 서로의 삶을 지탱하게 했습니다. 이것은 단순한 나눔이 아니라, 거룩한 순환의 실천입니다. 우리가 가진 자본도 마찬가지입니다. 멈춰 있는 자본이 아니라, 흘러가는 자본으로 하나님 나라의 원리를 이 땅에 드러내야 합니다.

오늘날 우리는 끊임없는 경쟁과 축적의 문화 속에서 살고 있습니다. 그러나 진정한 부는 얼마나 많이 쌓았는가가 아니라, 얼마나 잘 흘려보냈는가로 평가받아야 합니다. 자본을 움켜쥐는 손이 아니라, 흘려보내는 손이 세상을 살립니다. 우리가 가진 것을 순환시키는 용기, 나누는 지혜, 그리고 생명을 살리려는 헌신이야말로 이 시대의 참된 경제 윤리입니다. 그러므로 지금 우리가 해야 할 일은, 고인 자본을 다시 흐르게 만드는 것입니다. 그것이 곧 하나님 나라를 이 땅에 구현하는 첫걸음입니다.

3. 실천 원리
받은 축복을 흘려보내는 자가 축복의 통로다.

축복은 '머물게 하라'고 주어진 것이 아닙니다. '흐르게 하라'고 주신 것입니다. 하나님은 우리를 단지 축복받는 '그릇'이 아니라, 축복이 흘러가는 '통로'로 부르셨습니다. 바다로 흐르지 못한 요단강은 '사해'가 되어 생명이 살 수 없지만, 갈릴리 호수는 요단강의 물을 흘려보내며 물고기와 사람을 살리는 생명의 공간이 됩니다. 받은 것을 움켜쥐면 썩지만, 흘려보내면 삶이 되고 기적이 됩니다. 성경은 일관되게 나눔과 순환의 원리를 강조합니다. "주는 것이 받는 것보다 복이 있다"(사도행전 20:35)라는 말씀처럼, 진정한 복은 내가 얼마나 가졌느냐보다 내가 얼마나 흘려보냈느냐로 평가됩니다. 하나님은 축복을 흘려보낼 때, 더 큰 축복을 맡기시는 분입니다.

2001년 엘살바도르 대지진 이후, 커피 농가들은 대부분 파산했습니다. 당시 국제구호단체 'Food for the Hungry'는 커피

재배에 실패한 농부들에게 '자립형 기부 시스템'을 제안했습니다. 커피 묘목 100그루를 무료로 제공하되, 수확이 시작되면 그중 10%를 다른 가난한 농부들에게 되돌려주는 것이 조건이었습니다. 이 운동은 몇 년 만에 5천여 농가에 확산하였고, 커피 묘목은 계속해서 다음 사람에게 흘러갔습니다. 처음 받은 자들이 자신이 받은 것을 나누며 축복의 통로가 되었고, 그 결과 공동체 전체가 회복되었습니다.

-출처: 엘살바도르의 "커피나무 선물 운동" Food for the Hungry, El Salvador Community Restoration Project (2001~2006)

이탈리아 나폴리의 한 작은 레스토랑에서는 매주 목요일마다 '1유로 파스타'를 제공합니다. 그 이유는, 오너 셰프가 어려웠던 시절 노숙인에게 한 접시 파스타를 얻어먹었던 기억 때문입니다. 성공 후 그는 매주 가난한 사람들에게 1유로에 파스타를 판매하며, 이 수익으로 다시 재료를 사서 다음 주 나눔을 이어갑니다. 그는 말합니다. "그때 받은 한 접시가 내 삶을 바꿨다. 이제 나는 그것을 계속 흘려보낸다." 그의 선한 순환은 언론에 소개되었고, 인근 다른 식당들도 이 캠페인에 동참했습니다.

- 출처 : "파스타 한 그릇의 기적" – 이탈리아 레스토랑 주인의 나눔
CNN Travel, "A bowl of pasta feeds a city" (2018)

'재물은 흘러야 산다.' 구체적인 실천 방안 5가지를 살펴보도록 하겠습니다.

① **나눔 예산 만들기**

월 지출 항목 중 일정 비율(예: 3~5%)을 '흘려보내기 위한 헌금, 기부, 봉사 예산'으로 고정해 보세요. 축복을 고의로 순환시키는 구조를 생활 속에 만듭니다.

② **선순환 선물 실천하기**

감사의 의미로 선물 받을 때, 반드시 '또 다른 누군가에게 이어질 수 있도록' 메시지를 담아 전달해 보세요.
"나에게 온 축복이 당신에게도 흐르길 바랍니다."

③ **능력 나눔 실천하기**

　돈이 아니더라도 내가 가진 재능, 시간, 지식 등을 필요한 이에게 나눠주는 구조를 만들어 보세요. (예 : 무료 과외, 기술 나눔, 상담 지원 등.)

④ **지역 사회 연대 형성하기**

　동네의 작은 가게나 사회적 기업 제품을 소비하여 자본이 선한 방향으로 흐르게 합니다. 단순 소비도 축복을 흘려보내는 도구가 됩니다.

⑤ **자녀와 함께 나눔 교육하기**

　자녀와 함께 헌금, 기부, 봉사 현장을 직접 경험하면서 "축복은 나누는 것"임을 자연스럽게 가르칩니다. 흘려보내는 삶의 가치를 다음 세대에 전수합니다.

　축복은 쌓아두는 탱크에 저장하는 것이 아니라, 흘러가는 통로를 통해 나눌 때 진정한 의미가 있습니다. 하나님은 우리를 향해 "더 큰 탱크가 돼라"라고 말씀하시지 않습니다. 오히려 "넓은 통로가 돼라"라고 부르십니다. 탱크는 물을 저장해두지만, 시간이 지나면 썩고, 필요할 때만 열립니다. 반면, 통로는 계속 흐르게 하여 생명을 살리는 역할을 합니다. 우리가 축복을 탱크처럼 움켜쥐면, 그 축복은 결국 자신도 병들게 합니다. 그러나 통로처럼 흘려보내면, 축복은 나를 지나 주변을 적시고, 그 물은 다시 나에게 돌아와 더 풍성한 생명의 흐름을 만들어냅니다. 하나님은 우리 각자를 축복의 흐름 속에 놓으셨습니다. 우리가 가진 시간, 재능, 재물, 기회는 단지 내 만족을 위한 것이 아니라, 이웃을 살리고 사회를 회복시키기 위한 하나님의 '흘림 구조'의 일부입니다. 받은 복을 붙들고 있는 사람은 결국 영혼이 메마르지만, 그 복을 흘려보내는 사람은 다시 더 큰 은혜의 강을 경험하게 됩니다. 당신은 축복의 종착지가 아닙니다. 하나님의 은혜가 통과하는 살아 있는 하나님의 파이프라인, 즉 축복의 통로입니다. 탱크가 아닌 통로로 살기를 결단하십시오. 그리고 그 통로를 열어두십시오. 하나님은, 흐르는 그곳에 생명을 주시기 때문입니다.

제8계명 ▪ "불안에 투자하지 마!"
「 공급자는 하나님이시다. 」

1. 불안에 갇힌 자가 되지 말고, 하늘 아버지를 신뢰하라

성경적 근거 : "그러므로 염려하여 이르기를 무엇을 먹을까, 무엇을 마실까하지 말라." (마태복음 6:31)

마태복음 6장은 예수님의 산상수훈 중 물질에 대한 염려와 하나님 나라의 가치를 대조적으로 보여주는 중요한 대목입니다. 예수님은 제자들에게 단순히 걱정하지 말라는 감정적 조언을 하신 것이 아닙니다. 이는 신학적으로 '하나님이 누구신가'에 대한 신뢰의 문제입니다. "염려하지 말라"는 명령은 인간의 현실적 필요를 무시하라는 것이 아니라, 하나님이 공급자 되심을 인정하라는 신앙 고백입니다. 예수님은 바로 앞 구절에서 "공중의 새를 보라…. 들의 백합화를 보라"고 하시며, 자연 만물을 돌보시는 하나님의 섭리를 통해 인간에 대한 더욱 큰 사랑과 공급을 확신시켜 주십니다(마태복음 6:26~30). 이는 단순한 낙관이 아니라 창조주 하나님에 대한 실질적 의존과 믿음을 요청하는 것입니다.

신학적으로 이 말씀은 하나님의 섭리 (providentia Dei -프로비던티아 데이)에 대한 믿음을 강조합니다. '섭리'란 하나님께서 세상을 창조하신 후, 단지 버려두신 것이 아니라 지금도 모든 피조물을 유지하고 인도하시며 필요한 것을 공급하신다는 교리입니다. 하나님은 인간의 필요를 아시며, 때에 따라 가장 적절한 방법으로 채우십니다. 불안은 하나님을 신뢰하지 못할 때 자라나며, 결국 우상을 의지하게 되는 통로가 됩니다. 이 말씀은 또한 예수께서 말씀하신 하나님 나라의 경제와

직결됩니다. 세상은 축적을 통해 불안을 줄이려 하지만, 하나님 나라는 신뢰를 통해 자유를 얻는 질서입니다.

 2010년 서울의 한 교회에서 가난한 이웃들을 위해 주 1회 운영하던 '만나 식당'이 있었습니다. 운영자는 은퇴한 장로 부부였고, 후원은 거의 없었습니다. 처음에는 20명분을 준비 했지만, 점점 소문이 나서 100명 이상이 모여들었습니다. 하지만 어느 날 식자재가 완전히 떨어졌습니다. 그날 아침, 멀리 전라도 에서 한 농부가 찾아왔습니다.

 "하나님이 오늘 이곳에 가져가라고 하셨습니다." 그는 트럭에 가득 싣고 온 쌀, 채소, 고기 등을 기증하고 돌아갔고, 그날 이후 이 식당은 중단 없이 지금까지 운영되고 있습니다. 이 일은 단순한 우연이 아니라, 하나님의 공급하심을 실감하게 해 준 사건입니다.

– 출처 : 한국 '만나 식당'의 기적, 국민일보, 2015.03.12.
"기적의 밥상, 만나 식당의 5년"

 2020년 코로나19 확산으로 인해 한국 전역의 노숙인 무료 급식소가 폐쇄되거나 중단되던 시기, 서울 용산에 있는 감리교 소속의 한 교회가 '도시락 나눔 사역'을 시작했습니다. 처음에는 하루에 50개 정도의 도시락을 자비로 준비했지만, 점점 줄을 선 이들이 늘어 하루 200개 이상 필요하게 되었습니다. 처음엔 걱정이 컸지만, 놀랍게도 전혀 예상하지 못한 후원과 식자재가 계속해서 들어왔습니다. 인근 상인이 채소를 기부하고, 한 익명의 성도가 날마다 10만 원씩 놓고 가며, 교회 청년들이 퇴근 후 자원봉사를 요청했습니다. 1년이 넘는 기간 동안, 단 하루도 도시락이 모자라 끊긴 적이 없었습니다. 교회 내부에서는 이를 "마르지 않는 항아리의 기적"이라고 불렀습니다.

- 출처 : 코로나19 기간, 서울 '마르지 않는 도시락' 기적 – 감리교회 연합 사례
CBS 노컷뉴스, 2021.02.17, "마르지 않는 도시락, 용산의 작은 기적"
감리교 선교국, 코로나 구호 활동 사례집 제3호 (2021)

이 말씀은 현실적 불안 자체를 비난하려는 것이 아닙니다. 오히려 우리의 삶의 방향성과 의존의 대상이 누구인가를 묻는 것입니다. 불안은 인간의 본능이지만, 그것이 하나님을 밀어내고 '내가 해결하려는 구조'로 나아갈 때, 그것은 우상이 됩니다.

예수님은 말씀하십니다. "염려하지 말라. 너희 하늘 아버지께서 이 모든 것이 너희에게 있어야 할 줄을 아시느니라." (마태복음 6:32) 믿음이란 염려가 없는 삶이 아니라, 염려 속에서도 하나님을 바라보는 삶입니다. 우리는 오늘도 불안과 염려 사이에서 선택합니다. 이 두 사례는 하나같이 "불안에 투자하지 않고, 하나님을 신뢰했을 때" 나타난 현실적이고 구체적인 공급의 응답입니다. 불안은 인간의 본능이지만, 그것에 투자할수록 염려는 커지고 평안은 줄어듭니다. 반면, 하나님을 공급자로 신뢰하면, 우리의 믿음은 길이 되고, 공급은 흐름이 됩니다. 이것은 단지 과거의 이야기가 아닙니다. 오늘도 살아계신 하나님은 우리의 필요를 아시고 응답하시는 분입니다. 불안 대신 믿음에 투자하십시오. 공급자는 지금도 일하십니다.

2. 핵심 메시지

자본은 끊임없이 불안을 자극하지만, 믿음은 현재의 충분함을 감사하는 법을 가르친다.

오늘날의 자본주의 사회는 끊임없이 말합니다. "지금은 부족하다. 더 가져야 한다. 더 사야 한다. 그래야 불안에서 벗어날 수 있다." 이런 메시지는 소비와 축적을 부추기며, 사람들의 마음에 끊임없는 결핍감을 심습니다. 자본은 우리의 내면에 '아직도 부족하다'라는 불안을 주입하고, 만족을 미루게 합니다. 반면, 믿음은 다르게 말합니다.

"지금 주어진 것으로도 충분하다. 하나님이 오늘도 필요한 만큼을 공급하신다." 믿음은 현재의 삶 안에서 감사할 이유를 발견하게 하고, 더 가지지 않아도 자유롭고 충만한 삶을 살 수 있도록 이끕니다. 이는 단순한 낙관이 아니라, '공급자는 하나님이시며, 나는 그분의 손길 속에 있다'라는 존재론적 신뢰에서 비롯된 자유입니다.

2010년 대지진으로 폐허가 된 아이티의 한 보육원에서, 미국 구호단체 직원이 한 소년에게 영어 일기 쓰기를 가르쳤습니다. 소년이 처음 쓴 문장은 이랬습니다.

"Today, I ate half a banana. I have no shoes. But I smiled five times. It was a peaceful day." - "오늘은 바나나 반쪽을 먹었다. 신발은 없다. 하지만 다섯 번 웃었다. 평화로운 날이었다." 이 구절은 국제 NGO 'Compassion'의 캠페인 영상에 소개되며 많은 이들에게 감동을 주었습니다. 자본이 정의하는 '충분함'은 이 소년에게 존재하지 않았지만, 그는 현재 주어진 삶 안에서 감사하고 평화를 느낄 줄 알았습니다. 이는 물질보다 믿음과 시선이 더 풍요함을 결정한다는 깊은 통찰을 줍니다.

- 출처 : 아이티 고아 소년의 감사 노트 – "오늘은 평화로운 날"
Compassion International, Haiti Children Project (2010) compassion.com

세계에서 장수율이 가장 높은 지역 중 하나인 일본 오키나와현 오기미 마을의 할머니들은 대부분 하루에 한 끼만 제대로 된 식사를 합니다. 텃밭에서 기른 고구마, 두부, 해조류로 소박하게 차린 식사입니다. 그들에게는 냉장고도 작고, 텔레비전도 거의 없습니다. 스마트폰은커녕 휴대전화도 없이 살아가는 이들도 많습니다. 그런데 인터뷰에서 한 할머니는 이렇게 말했습니다.

"나는 매일 아침 햇살을 보고 기뻐합니다. 걱정은 없어요. 오늘이 충분하니까요." 일본 NHK 다큐멘터리 '오키나와의 비밀'에서는 이 마을의 삶이 "결핍을 불행으로 보지 않고, 오늘의 충분함을 귀하게 여기는 감사의 태도"에 있다고 분석합니다. 자본이 없는 곳에서 오히려 가장 충만한 삶이 유지되고 있었던 것입니다.

- 출처 : 일본 오키나와 '100세 할머니'들의 행복 법.
NHK 스페셜 다큐멘터리 「100세의 비밀: 오키나와 오기미 마을」(2016)

자본은 끊임없이 속삭입니다. "너는 부족하다. 불안해야 한다. 더 가져야 한다." 하지만 그 속삭임에 귀 기울이다 보면, 우리는 결코 만족하지 못하는 삶을 살아가게 됩니다. 불안은 자본의 연료이자, 인간을 통제하는 가장 효과적인 도구입니다. 그러나 믿음은 다르게 말합니다. "오늘도 충분하다. 이미 많은 것을 받았다. 감사하자." 믿음은 현재의 조건을 '충분한 은혜'로 받아들이는 능력을 길러주고, 더 가짐이 아닌 더 깊은 존재의 자유와 만족을 추구하게 만듭니다. 삶의 가치는 소유의 총량이 아니라, 감사의 밀도로 측정됩니다. 우리는 자본이 부추기는 불안의 세계가 아니라, 하나님이 오늘도 공급하시는 신뢰의 세계 안에 살아갈 수 있습니다. 믿음은 우리에게 "지금 여기"에서 삶을 축제로 바꾸게 합니다. 감사는 곧 저항입니다. 자본의 불안에 저항하는, 믿음의 선언입니다. 오늘, 충분함을 누리고, 감사하는 법을 다시 배워야 할 시간입니다.

3. 실천 원리
너의 공급자는 네 직장이 아니라, 하늘 아버지다.

현대 사회는 우리의 삶의 기반을 직장과 수입, 경력에 의존하도록 강하게 구조화되어 있습니다. "네가 돈을 벌 수 있는 능력이 곧 생존의 근거다"라는 메시지는 교육, 직장, 사회 전반에 뿌리 깊게 깔려 있습니다. 그러나 성경은 이와 다른 관점을 가르칩니다. 예수님은 마태복음 6장에서 "무엇을 먹을까, 입을까 염려하지 말라"고 하시며, 하늘 아버지가 필요한 것을 채우시는 분이라고 강조하셨습니다. 우리의 직장은 하나님의 공급을 위한 도구이지, 공급 그 자체는 아닙니다. 직장이 끊어졌다고 삶이

끝나는 것이 아니고, 하나님께서 인도하시는 공급의 다른 통로가 있을 수 있습니다. 믿음의 사람은 직장에 의존하지 않고, 하나님의 공급에 신뢰하며 자유롭게 살아갈 수 있는 사람입니다. 이것이 곧 '직업과 신앙 사이의 균형'이자 '존재의 안정'을 의미합니다.

2018년, 서울에서 활동하던 윤현석 집사는 대형 광고 대행사에서 갑작스럽게 구조조정으로 해고되었습니다. 두 아이와 아내를 부양하던 그에게 실업은 곧 생계의 위협이었고, 그는 한동안 우울증과 불안 속에 살았습니다. 그러나 그는 말씀 묵상 중 "너희 하늘 아버지께서 이 모든 것이 너희에게 있어야 할 줄 아신다"(마태복음 6:32)라는 말씀에 마음을 고정하고, 실업급여로 생계를 이어가며 매일 아침 기도와 성경 묵상으로 하루를 시작했습니다. 몇 달 뒤, 그는 교회 지인의 소개로 한 청소년 비영리 단체에서 '청소년 진로 상담용 콘텐츠' 개발 프로젝트를 맡게 되었고, 이후 자영업자로 독립해 '기독교 디자인 스튜디오'를 창업하게 되었습니다. 그는 말합니다. "직장은 사라졌지만, 삶은 무너지지 않았습니다. 제 공급자는 하나님이셨습니다."

– 출처 : 직장을 잃은 광고 디자이너의 기적 – 윤현석 집사의 간증
윤현석 집사 간증, 『크리스천투데이』 인터뷰 (2020.6.10.)

    2020년, 코로나19로 대구의 한 병원에서 일하던 50대 조리사 여성은 갑작스럽게 해고되었습니다. 직장이 전부였던 그녀는 큰 절망에 빠졌지만, 교회 집사님의 권유로 작은 채소 장터에서 노점을 시작했습니다. 하루 수익은 2만 원도 안 되었지만, 매일 새벽 기도로 시작하는 삶 속에서 감사와 안정이 회복되었다고 합니다. "당신이 필요한 것을 아시는 분이 있다"라는 담임목사의 말씀에 용기를 얻었고, 결국 동네 어르신들과 교류하며 '함께 사는 장터'로 성장하게 되었습니다. 그녀는 고백합니다. "병원 월급이 아니라, 오늘의 일용할 양식을 주신 분이 나의 진짜 주인입니다."

– 출처 : 코로나19 실직 후 채소 장사로 다시 선 한 여성의 이야기
CBS 새롭게 하소서, '김숙자 집사의 이야기' (2021.3.22. 방송)

    공급자이신 하나님을 고백하는 구체적인 실천 방안 5가지를 살펴보겠습니다.

① **하루의 첫 시간, 직장이 아니라 하나님을 바라보는 습관 만들기**

출근 전 10분 말씀 묵상, 감사기도, 공급자의 자리를 기억하는 기도로 시작합니다.

② **직업을 '사명의 자리'로 다시 정의하기**

"이 일이 내 생존의 통로인가, 하나님의 섭리를 이루는 자리인가"를 되묻는 훈련을 통해 사명의 의지를 다집니다.

③ **급여 일부를 나눔과 헌금으로 사용하기**

내가 이 소득의 주인이 아니라는 믿음의 실천. 순종은 곧 신뢰의 표현입니다.

④ **실직이나 전환기를 맞이했을 때, 하나님과 연결된 삶 유지하기**

예배와 공동체에서 벗어나지 않고, '멈춤의 시기'를 공급자의 뜻을 찾는 시간으로 전환합니다.

⑤ 하나님의 공급을 기록하는 '일용할 양식 노트' 쓰기

작지만 분명한 공급의 순간들(식사, 도움, 관계 등)을 기록하면서 불안을 넘어선 신뢰 훈련을 하도록 합니다.

세상은 말합니다. "당신의 생존은 당신의 직장에 달려 있다." 그러나 하나님은 말씀하십니다. "너의 공급자는 너 자신이 아니다, 네 직장이 아니라 '내가' 너의 아버지다." 직장은 하나님의 도구일 뿐, 그 자체가 인생의 기둥은 아닙니다. 참된 자유와 평안은 내가 하늘 아버지의 공급 속에 살아가고 있다는 믿음에서 시작됩니다. 하나님은 절대 늦지 않으시며, 부족하지 않으신 공급자입니다. 오늘도 우리의 일용할 양식을 채우시는 그분께 삶의 중심을 맡기십시오. 직장은 지나가지만, 하늘 아버지의 손은 절대로 끊어지지 않습니다.

제9계명 ▪ "네 생명, 오늘 밤일 수도"
「영원의 눈으로 재정을 보라」

1. 부의 신기루에 속지 말라
너의 생명은 오늘 밤이라도 거둘 수 있다

성경적 근거 : "하나님은 이르시되 어리석은 자여 오늘 밤에 네 영혼을 도로 찾으리니, 그러면 네 준비한 것이 누구의 것이 되겠느냐 하셨으니"　　(누가복음 12:20)

이 말씀은 예수께서 "어리석은 부자의 비유"(누가복음 12:16~21) 가운데 주신 결론입니다. 한 부자가 땅을 풍성히 소출한 뒤, 더 큰 곳간을 짓고 오랫동안 쓸 것을 쌓아두고 "편히 쉬고 먹고 마시자"라고 말할 때, 하나님께서 그에게 선고하십니다. "오늘 밤, 네 영혼을 도로 찾을 것이라!" 이 구절은 단순히 죽음의 불확실성만을 경고하는 것이 아니라, 인간이 자본과 소유에 기대어 자기 생명의 통제권을 갖고 있다고 착각하는 교만을 지적하는 말씀입니다.

영혼의 주권은 하나님께 있습니다. 사람은 재정과 소유로 자기 인생을 조율하려 하지만, 생명과 죽음의 결정권은 오직 하나님께 있습니다. (시편 90:12, 히브리서 9:27) 소유는 곧 안전이라는 자본주의의 거짓 신화를 해체합니다. 오늘날 자본은 "더 가지면 더 안전하다."라고 유혹하지만, 예수님은 그것이 부의 신기루일 수 있음을 경고하십니다. 죽음을 아는 자만이 참되게 사는 것입니다. '오늘 밤'이라는 시간은 영원을 대비하지 않는 삶의 허망함을 상징합니다. 기독교의 재정관은 단기적 소비가 아닌 영원한 가치에 대한 투자입니다.

2019년, 미국 실리콘밸리의 유명 투자자였던 짐 그린(Jim

Green)은 당시 40대 중반의 나이로 수백만 달러의 자산을 굴리며 테크 스타트업에 투자해 큰 성공을 거두었습니다. 그는 주식과 부동산으로 번 자산을 더 불리기 위해 밤낮없이 일했고, 인터뷰에서 "나는 아직 충분히 부자가 아니다. 더 벌어야 한다"라고 말했습니다. 하지만 2019년 봄, 자전거를 타다 심장마비로 현장에서 사망했습니다. 보험은 있었지만, 유언장도, 나눔도, 재산의 방향도 정하지 않은 채 그의 수백만 달러는 유산분쟁에 휘말렸습니다. 그를 알던 한 동료는 말했습니다. "그는 인생에서 한 번도 '지금' 만족한 적이 없었다. 항상 미래만을 쫓았다." 미래의 안전만을 위해 준비한 삶은, 영원을 준비하지 못했을 때 허무로 끝납니다. "오늘 밤" 부르신다면, 나는 지금 준비되어 있는가?

- 출처 : 실리콘밸리 억만장자의 갑작스러운 죽음 - 짐 그린의 이야기
San Francisco Chronicle, 2019.05.27.
"Tech Investor Jim Green Dies Unexpectedly"

2022년, 경남 밀양의 시골 마을에서 80대 할머니 박옥선 여사는 평생 농사로 모은 오미자 수익금 2,000만 원 전액을 "청년

장학금"으로 기부했습니다. 기부 다음 날, 마을에서 낙상 사고를 당해 병원에 옮겨졌지만 회복하지 못하고 그 주에 소천하셨습니다. 가족은 유언이 있었다며, "이 돈은 내가 쌓으려고 모은 것이 아니고, 누군가에게 희망이 되었으면 좋겠다"라고 하신 말씀을 전했습니다. 그녀의 삶은 뉴스에 소개되었고, 그녀의 유산은 이웃을 살리는 씨앗이 되었습니다. 죽음은 갑자기 오지만, 준비된 영혼은 오늘도 나눌 수 있습니다. 물질이 남는 것이 아니라, 사랑과 나눔이 남습니다.

– 출처 : 마지막 하루를 나눔으로 마친 할머니 – 한국 '밀양의 오미자 할머니'
MBC 경남, 2022.10.14 "오미자 할머니의 마지막 기부"

예수님은 누가복음 12장에서 '소유'에 기반한 삶이 얼마나 취약한가를 경고하십니다. 하루아침에 생명이 거두어질 수 있다는 사실 앞에서, 우리는 진정 무엇을 준비하며 살아야 할까요? 은행 잔액보다 중요한 것은 하늘 창고에 쌓인 보물(누가복음 12:33)이며, 재정 전략보다 먼저 점검해야 할 것은 영혼의 방향입니다. 자본은 끊임없이 "더 가지면 안전하다"라고 유혹합니다. 그러나 예수님은 이렇게 물으십니다. "오늘 밤, 네 영혼을 도로 찾으리니, 네가 준비한 것은 누구의 것이 되겠느냐?" 그 물음은 우리 각자에게도 똑같이 던져집니다. 당신의 재정은 영원을 향하고 있습니까? 하나님의 나라에 투자하고 있습니까? 당신의 인생이 "오늘 밤" 끝난다면, 남은 것은 무엇입니까? 영원의 시선 없이 계획된 재정은 모래 위에 세운 집입니다. 우리는 불안에 쌓기보다, 믿음으로 흘려보내며, '지금'을 감사하고, '영원'을 준비하는 자가 되어야 합니다. 오늘이라는 시간은 은혜입니다. 부의 신기루에 속지 말고, 하늘의 실재를 붙드십시오. 그분이 우리의 생명이고, 그분 안에 모든 보화가 있습니다.

2. 핵심 메시지

자본에 인생을 걸지 말라. 죽음 앞에서는 재물도, 주식도, 계좌도 무의미하다.

오늘날 우리는 "더 벌고, 더 모으고, 더 투자하라"라는 자본주의의 소리에 둘러싸여 살아갑니다. 경제 뉴스, 주식 앱, 연금

설계, 부동산 시세, 보험 계약… 모든 것이 "내일을 위해 오늘을 희생하라"라고 말합니다. 그러나 성경은 이 자본 중심의 사고에 대해 근본적인 질문을 던집니다. "오늘 밤, 네 영혼을 도로 찾으리니, 네가 준비한 것이 누구의 것이 되겠느냐?" (누가복음 12:20) 죽음 앞에서 자본은 무기력합니다. 은행 잔액은 장례식장에 들고 갈 수 없고, 주식 계좌는 심판대 앞에 들이밀 수 없습니다. 예수님은 '소유의 많음이 곧 생명의 풍성함이 아님'을 분명히 하셨습니다(누가복음 12:15). 자본은 도구일 뿐, 주인이 아닙니다. 인생의 가치는 축적의 총량이 아니라, 의미의 밀도로 결정됩니다. 죽음은 불편한 진실이지만, 삶의 본질을 회복하는 계기가 됩니다.

마이크로소프트 공동 창업자 폴 앨런(Paul Allen)은 빌 게이츠와 함께 세계 최대의 IT 기업을 세운 억만장자였습니다. 그는 생전에 우주개발, 스포츠 구단 소유, 해양 탐사 등 다양한 분야에 수십억 달러를 투자했습니다. 그러나 그는 2018년 악성 림프종 재발로 65세에 사망했습니다. 그의 유산은 200억 달러가

넘었지만, 그는 자기 재산을 다 쓰지도, 마지막 인생에 의미 있게 나누지도 못했습니다. 그가 생전에 쓴 한 문장은 오히려 허무함을 드러냅니다. "나는 나의 돈이 아니라, 내가 보고 싶은 미래를 위한 선택을 하고 싶다." 그러나 그는 그 미래를 보지 못했습니다. 자본은 남지만, 인생은 끝납니다. 그가 세운 자산의 크기보다, 마지막에 무엇을 남겼는지가 중요합니다.

- 출처 : 폴 앨런의 유산 – 자본은 남지만, 존재는 떠난다.
Forbes Magazine, 2018.10.15 "Paul Allen, Tech Visionary, Dies at 65"

한국의 한 유명 대학병원장 출신 내과 전문의는, 2021년 말 간암 말기 판정받고 투병 중이었습니다. 그는 병상에서 가족들에게 이렇게 말했습니다. "내가 평생 30억을 모았는데, 지금 이 침대 위에서 3일을 사는데도 못 씁니다. 결국, 내 재산은 내가 데려갈 수 없고, 오히려 남들이 쓸 것입니다." 그는 죽기 전, 전 재산 중 일부를 농어촌 장학재단에 기부하고, 남은 유산도 공익재단에 넘기도록 유언장을 작성했습니다.

그의 장례식에는 그를 치료한 간호사, 후배 의사들, 그리고 농촌 장학생들이 함께했습니다. 죽음은 자본의 진짜 무능함을 드러냅니다. 그가 남긴 '재산'보다, 그가 남긴 '의미'가 사람들의 기억에 남았습니다.

- 출처 : 서울 대학병원장 유언 – "재산은 내가 데려갈 수 없다"
KBS 휴먼다큐 〈마지막 유산〉, 2022.03.19 방송

자본은 오늘을 장악할 수 있어도, 죽음을 넘어 영원을 준비하진 못합니다. 주식과 계좌는 인생의 안전망이 될 수는 있지만, 영혼의 구명줄은 되지 못합니다. 진정한 부유함은 '얼마나 가졌느냐'가 아니라, '어떻게 살았느냐'에서 나옵니다. 예수님은 '큰 곳간을 짓고 평안을 누리려던 어리석은 부자'에게 "오늘 밤 너의 영혼을 내가 찾겠다"라고 말씀하셨습니다. 이 말은 우리 모두에게 던지는 경고이며, 동시에 초대입니다.

"영원을 준비하는 삶을 살라." 지금 당신의 재정, 시간, 에너지는 어디를 향하고 있습니까? 죽음 앞에서 진짜 가치 있는 것은

은행의 잔액이 아니라, 하나님 나라에 쌓인 보물입니다.

3. 실천 원리
재물보다 영혼의 가치를 계산할 줄 아는
자가 지혜롭다.

현대 사회는 수익률, 연봉, 재산 순위를 기준으로 인생의 가치를 평가합니다. 하지만 예수님은 분명히 말씀하십니다. "사람이 온 천하를 얻고도 자기 목숨을 잃으면 무엇이 유익하리오?"(마가복음 8:36) 이 구절은 단순히 종교적 경고가 아닙니다. 이는 삶의 방향, 판단의 우선순위, 선택의 기준이 어디에 있는지를 묻는 말입니다. 재물은 중요하지만, 영혼보다 귀할 수는 없습니다. 진짜 지혜로운 사람은 통장 잔액만 보지 않고, 영혼의 상태와 영원의 무게를 함께 계산할 줄 아는 사람입니다. 이것이 성경이 말하는 '진짜 부자'의 기준입니다.

대우그룹의 창업자 김우중 회장은 한때 "세계는 넓고 할 일은 많다"라는 명언으로 한국인의 자부심이었습니다. 최전성기 시절, 대우그룹은 수출 세계 1위 그룹이었고, 김 회장은 자산 1조 원 이상을 소유한 거물이었습니다. 하지만 IMF 외환위기 이후, 그룹은 해체되었고 그는 해외로 도피했다가 한국으로 돌아왔습니다. 만년에는 조용히 살며 자기 삶을 돌아보는 시간을 가졌습니다. 그는 생전에 남긴 자서전에서 이렇게 말했습니다. "나는 세계를 얻고자 했지만, 정작 내 인생에서 가장 소중한 것들이 무엇인지 뒤늦게 배웠다. 이제는 부와 명예가 아니라, 지혜와 용서를 배워야 한다고 생각한다." 많은 것을 가졌던 자의 진정한 후회는, '영혼의 가치를 너무 늦게 깨달은 것'이었습니다. 진짜 지혜는 재산을 세는 데서 끝나지 않고, 인생의 무게를 계산하는 데까지 이어져야 합니다.

- 출처 : '1조 원 자산가의 마지막 후회' – 김우중 회장의 고백
김우중, 『세계는 넓고 할 일은 많다 2』, 2015년

미국에서 마약 중독과 노숙으로 청춘을 보내던 리차드 스미스(Richard Smith)는 뉴욕 지하철에서 10년을 살았습니다.

그러던 중 한 교회 자원봉사자의 지속적인 돌봄과 상담을 통해 그는 마약을 끊고, GED(고졸 검정고시)를 통과했고, 성경 공부 모임을 통해 인생의 목표를 '의미 있는 삶'으로 바꾸었습니다. 그는 7년 뒤 예일대학교 신학대학원에 장학생으로 입학하며 이렇게 말했습니다. "나는 인생에서 돈이 얼마나 필요한지가 아니라, 하나님 앞에서 무엇이 귀한지를 배우게 되었습니다. 내가 가진 모든 것은 사라질 수 있지만, 내 영혼이 변화된 그것만은 절대 잃지 않습니다." 영혼의 가치를 깨달은 한 사람의 삶은, 어떤 은행 계좌보다도 풍요롭습니다. 가진 것이 없어도, 가치 있는 것을 붙든 사람은 복된 사람입니다.

– 출처 : 예일대 졸업생이 된 전직 노숙인의 이야기 – 리차드 스미스
The New York Times, 2018.09.04 "From Subway to Seminary:
One Man's Redemption"

영원의 눈으로 재정을 바라보는 구체적인 실천 방안 5가지를 살펴보도록 하겠습니다.

① **'영혼의 잔액' 점검하기 – 주 1회**

말씀 묵상, 기도, 회개, 감사일기로 영혼의 상태를 관리하며, 재정과 시간 사용의 방향을 조정합니다.

② **소득 일부를 '의미'에 투자하기**

장학금, 선교, 구호, 미혼모, 이웃 공동체 등 영혼을 살리는 곳에 헌금 혹은 기부함으로써 '돈의 방향'을 조절합니다.

③ **재정 계획에 '죽음 이후' 항목 포함하기**

유언장 작성, 신앙적 유산 남기기, 자녀 교육 계획을 영원한 가치 중심으로 설계합니다.

④ **'정체성 선언문' 만들기**

"나는 하나님 앞에서 누구인가?"를 정기적으로 고백하며, 소유보다 존재의 본질에 집중하는 영적 훈련을 합니다.

⑤ '영혼 가치' 기준으로 소비 패턴 점검하기

불필요한 소비 줄이기, 시간과 돈의 사용이 영혼을 살리는 일과 연결되는지를 자문해 보는 루틴 만들기를 연습합니다.

재물은 우리의 선택을 도와주는 도구일 뿐, 우리 인생의 방향과 정체성을 결정해주는 기준이 되어서는 안됩니다. 영혼은 단 하나뿐이며, 그것의 가치는 세상의 그 어떤 통화로도 환산될 수 없습니다. 진짜 지혜로운 사람은 영혼의 무게를 계산하고, 자신의 시간과 재정을 영원을 향해 투자할 줄 아는 사람입니다. "네 보물이 있는 그곳에 네 마음도 있으리라." (마태복음 6:21) 오늘, 당신의 마음은 어디에 있습니까? 은행 계좌입니까, 하나님의 나라입니까?

제10계명 ▪ "진짜 부자? 기꺼이 주는 사람"
「 나눔이 곧 복이다.」

1. 진정한 부자는 나누는 자다
주는 것이 받는 것보다 복이 있다.

성경적 근거 : "범사에 여러분에게 모형을 보여준 것 같이 수고하여 약한 사람들을 돕고 또 주 예수께서 친히 말씀하신바 '주는 것이 받는 것보다 복이 있다.' 하심을 기억하여야 할지니라."(사도행전 20:35)

이 구절은 바울이 에베소 교회 장로들과 이별하면서 전한 고별 메시지 중 마지막 부분입니다. 바울은 자신의 사역이 단지 말이 아니라 삶의 모형이었음을 강조하며, 예수님의 말씀을 인용해 "주는 것이 받는 것보다 복되다"라고 선언합니다. 흥미롭게도 이 말씀은 복음서에는 기록되지 않았지만, 예수님께서 실제로 하신 말씀이 바울을 통해 전해진 유일한 예입니다. 이는 예수님의 나눔 중심적 삶과 가르침이 초대교회 공동체 안에 깊이 스며들어 있었다는 증거이기도 합니다.

"주는 자가 진짜 복 받은 자다!" 세상은 "받는 것이 복"이라 강요하지만, 성경은 "주는 자가 복되다"라고 말합니다. 이 말은 단지 도덕적 권고가 아니라, 하나님의 나라 원리를 밝히는 선언입니다. 왜냐하면 하나님 자신이 기꺼이 주시는 분이기 때문입니다(요한복음 3:16). 나눔은 구원의 증거요, 은혜의 열매입니다. 진정한 나눔은 의무감이 아니라 감사와 기쁨에서 흘러나오는 실천입니다 (고린도후서 9:7). 복음은 영혼만 구하는 것이 아니라, 삶의 방식을 변화시키며, 이타적 사랑으로 이끕니다. 그리스도의 몸 된 공동체는 '주는 사랑'을 통해 세워지는 것입니다. 초대교회는 서로 물건을 통용하고 필요에 따라 나누는 공동체였습니다(사도행전 2:44~45). 나눔 없는 공동체는 하나님 나라의 모형이 될 수 없습니다.

척 피니(Chuck Feeney)는 듀티프리 쇼핑의 창시자이며, 평생 수십억 달러를 벌어들인 미국의 억만장자였습니다. 그는 생전에 총 80억 달러(현재 111조 2천억 원) 이상을 기부하고, 자신은 임대 아파트에 살며, 손목시계는 15달러짜리를 찼습니다. 그는 다음과 같은 철학을 실천했습니다. "죽어서 주기보다, 살아서 줄 때가 더 복되다. 보는 눈과 반응하는 심장이 살아있을 때 주는 기쁨이 진짜 기부다." 그는 생전에 대부분 자산을 'Atlantic Philanthropies(아틀랜틱 필랜스로피즈)'라는 재단을 통해 교육, 보건, 인권 분야에 기부하고, 2020년 그 재단을 공식 해산했습니다. 진짜 부자는 소유가 많은 자가 아니라, 기꺼이 줄 줄 아는 사람입니다. 주는 삶은 재산을 소모하는 것이 아니라, 가치와 사랑을 영원에 투자하는 일입니다.

- 출처 : 실리콘밸리 억만장자의 기부 선언 – 척 피니의 "살아 있는 기부"
Forbes Magazine, 2020.09.15. "Chuck Feeney Has Given Away $8 Billion"

전라북도 진안에서 '지게 할머니'로 불리던 김복동 할머니는 평생 지게로 나무를 나르고 농사를 지어 모은 돈 전액을 장학금으로 기부한 분입니다. 기초생활보장 수급자로 살며 자신도 어려웠지만, "가난 때문에 공부를 못 하는 아이는 없게 하자"는 소망 하나로 5,000만 원을 적립해 장학재단에 맡겼습니다. 그녀는 이렇게 말했습니다. "나는 많이 가진 건 없지만, 내가 가진 건 기꺼이 줄 수 있어 기쁘다. 내가 가진 것이 적다고 나눌 수 없는 건 아니다." 주는 능력은 자산의 크기에 있지 않고, 마음의 넓이에 있습니다. 기꺼이 줄 줄 아는 마음은, 그 자체로 하나님의 은혜가 흘러가는 통로가 됩니다.

– 출처 : 한국 '지게 할머니'의 기부 – 김복동 할머니 이야기
KBS 인간극장 "지게 할머니의 큰 사랑", 2013.05.09 방영

예수님은 말씀하셨습니다. "주는 것이 받는 것보다 복이 있다" 세상은 자본과 축적을 통해 성공을 정의하지만, 하나님 나라는 기꺼이 나누는 자를 진짜 부자라 부릅니다. 나눔은 단지 '사회적 미덕'이 아니라, 복음의 실천이자 천국 시민권자의 삶의

방식입니다. 주는 사람은, 하나님의 공급을 신뢰하기에 줄 수 있습니다. 자기의 소유를 소유하지 않고, 하나님께 속한 것이라 고백합니다. 이 땅의 부를 천국의 은혜로 전환하는 능력을 갖춘 사람입니다.

당신은 어떤 부자가 되고 싶습니까? 많이 가진 부자입니까, 많이 주는 부자입니까?

하나님은 지금도 '기꺼이 주는 사람'을 통해 세상을 살리고, 그 사람을 통해 그분의 사랑을 보이십니다. 진짜 부자는 주는 사람입니다. 그리고 그 나눔이, 진짜 복입니다.

2. 핵심 메시지
예수님의 부자란 가진 자가 아니라, 나누는 자다.

세상은 '많이 가진 사람'을 부자라 부릅니다. 자산 순위, 투자 수익률, 보유 부동산 개수… 이 기준에 따르면 부자는 '쌓은 자'

입니다. 그러나 예수님은 완전히 다른 정의를 주십니다. "주는 것이 받는 것보다 복이 있다." (사도행전 20:35) "네 보물이 있는 그곳에는 네 마음도 있느니라." (마태복음 6:21) 예수님이 보시는 진짜 부자는 나누는 자, 흘려보내는 자, 기꺼이 내려놓는 자입니다. 복음서에 등장하는 '부자 청년'은 많은 것을 가졌지만 결국 '아깝다'라는 이유로 예수님의 제자가 되는 길을 포기했습니다 (마태복음 19:16~22). 그는 '많이 가졌지만, 아무것도 줄 수 없었던 사람'이었습니다. 반면 누가복음 21장에 등장하는 가난한 과부는 두 렙돈(현재 약 2천 원)을 드렸지만, 예수님은 말씀하십니다. "이 과부는 그들의 모든 사람보다 많이 넣었도다." (누가복음 21:3) 왜일까요? 예수님은 소유의 양이 아니라, 나눔의 마음을 부의 기준으로 보시기 때문입니다.

2020년, 코로나19로 전 세계가 고립되었을 때, 몽골의 한 교회 공동체는 지역에서 가장 가난한 마을에 매주 '쌀 한 줌 나눔 운동'을 전개했습니다. 놀랍게도, 이 교회는 월세조차 겨우 내는 소형 교회였고, 대부분 성도가 생계를 위한 노동을 하는 이들이었습니다. 하지만 그들은 하루에 한 숟가락씩 쌀을 모아 이웃을 도왔고, 그 마을의 식량 위기를 극복하는 데 결정적인 역할을 했습니다. 국제 구호단체 월드비전이 이 교회를 '나눔의 등대'라 부르며 전 세계 사례로 소개했습니다. 많이 가지지 않아도, 나눌 줄 아는 자가 예수님의 진짜 부자입니다. 부유함은 '지갑의 크기'가 아니라, '마음의 너비'에서 나옵니다.

- 출처 : 몽골의 기적 – 아무것도 없지만 나눌 줄 아는 공동체
World Vision Mongolia Report, 2021 "Stories of Hope: Bayan-Ulgii Church"

서울 홍대 인근, 카페 창업에 성공한 30대 청년 김다훈 대표는 자신의 수익 중 10%를 매달 자립 준비 청년(보호 종료 청년)을 위한 장학금으로 적립하고, 매주 일요일에는 가게를 무료 쉼터로 개방하기 시작했습니다. 처음에는 반대도 많았지만, 이 공간은 외로운 청년들에게 마음의 집이 되었고, "커피보다 따뜻한 공간"이라는 별명을 얻으며 SNS를 통해 알려졌습니다. 김 대표는 인터뷰에서 이렇게 말했습니다. "진짜 부자는 통장에 돈 많은 사람이 아니라, 어떤 상황에도 누군가에게 줄 수 있는

사람이더라고요. 그래서 저는 오늘도 진짜 부자가 되려고 나눕니다." 기꺼이 주는 사람, 그래서 희망을 나르는 사람이 진짜 부자입니다. 예수님이 찾으시는 사람은 "얼마나 벌었느냐"보다, "얼마나 기꺼이 내어줄 수 있었느냐"에 응답하는 사람입니다.

- 출처 : 카페를 나눔의 집으로 바꾼 청년 사장 – 서울 홍대의 '희망가게'
〈한겨레〉, 2023.11.12, "홍대의 따뜻한 카페 사장님 이야기"

    예수님께서 말씀하신 부자는 '많이 가진 사람'이 아니라, '기꺼이 나누는 사람'입니다. 이는 단순한 도덕이 아닙니다. 하나님 나라의 정의이고, 복음이 보여주는 삶의 방식입니다. 왜일까요? 하나님이 먼저 우리에게 기꺼이 주셨기 때문입니다. (요한복음 3:16) 하나님은 우리가 나눔을 통해 그분의 사랑을 세상에 나타내길 원하시기 때문입니다. 이 땅에서 '소유의 왕'이 되려는 사람은 많지만, '나눔의 제자'가 되려는 사람은 적습니다. 그러나 예수님은 말씀하십니다. "너희 중에 큰 자는 섬기는 자가 되어야 하리라." (마태복음 23:11)

진짜 부자는, '더 가지려는 사람'이 아니라, '기꺼이 내어주는 사람'입니다. 나눔은 곧 예수님의 마음이며, 하나님 나라를 이 땅에서 구현하는 가장 확실한 방법입니다. 오늘도 우리는 이 질문 앞에 서야 합니다. 나는 가진 자인가, 나누는 자인가?

3. 실천 원리

주는 자가 진짜 부자다. 사랑은 가장 위대한 자본이다.

세상은 자본과 권력, 소유를 기준으로 부유함을 평가합니다. 그러나 성경은 말합니다. "주는 것이 받는 것보다 복이 있다." (사도행전 20:35) "사랑은 율법의 완성이라." (로마서 13:10) 진짜 부자는 지갑이 두꺼운 사람이 아니라, 기꺼이 나눌 줄 아는 사람입니다. 사랑은 어떤 통화보다도 강력한 자본입니다. 사랑은 단지 감정이 아니라, 영혼과 관계를 살리는 최고의 투자이자 하나님의 본성입니다. 하나님은 사랑이시고, 사랑하셨기에 독생자를 주셨습니다(요한복음 3:16). 따라서 하나님의 백성도

마땅히 주는 삶, 나누는 사랑을 실천하는 존재가 되어야 합니다.

2021년 대전에서 교통사고로 크게 다친 한 부부는 가해자 측으로부터 위자료 3,000만 원을 받았습니다. 그런데 이 부부는 "우리가 받은 사랑이 더 크다"라며 위자료 전액을 지역아동센터에 기부했습니다. 인터뷰에서 아내는 이렇게 말했습니다. "돈은 잠시의 위로일 뿐이에요. 우리가 준 게 아니라, 받은 사랑을 다시 흘려보낸 것뿐이에요." 이 이야기는 지역 언론을 통해 전국으로 퍼졌고, 기부받은 지역아동센터는 아이들 교복과 장학금, 식사 지원에 사용할 수 있었습니다. 사랑은 가장 위대한 자본입니다. 경제적 손실을 이긴 이 부부의 선택은 주는 자가 진짜 부자라는 믿음의 실천이었습니다.

−출처: 교통사고 위자료 전액을 기부한 부부 – 대전의 '은혜 씨' 이야기
대전일보, 2021.06.24., "사랑으로 갚은 위자료, 지역 아이들의 꿈이 되다"

인도 뭄바이 빈민가에는 '나르마다의 주방(Narmada's Kitchen)'이라는 무료 급식소가 있습니다. 창립자는 나르마다

슈레스타(Narmada Shrestha)라는 평범한 여성입니다. 그녀는 자신이 먹을 국 한 그릇을 나누기 시작하며 하루 한두 명의 이웃에게 음식을 제공했습니다. 이후 이웃들도 재료를 내기 시작했고, 10년 후 이 식당은 하루 500명 이상에게 무료 음식을 제공하게 되었습니다. 그녀는 이렇게 말합니다. "나는 돈이 많지 않지만, 매일 줄 마음이 있습니다. 이 마음이 나의 가장 위대한 자산입니다." 사랑은 작게 시작해도, 반드시 확장됩니다. 돈이 아니라 마음에서 시작한 나눔은, 공동체를 살리고 하나님 나라를 확장합니다.

– 출처 : 한 스푼의 국물로 시작된 사랑의 식당 – 인도 '나르마다의 주방'
BBC India, 2022.10.02 "From Hunger to Hope:
Narmada's Kitchen Feeds Thousands"

나눔이 곧 복으로 연결되는 구체적인 실천 방안 5가지를 살펴보도록 하겠습니다.

① '매월 나눔 정기계좌' 개설하기
소액이라도 고정적으로 나누는 실천을 통해, 나눔을

습관화할 수 있습니다.

② **'주간 사랑 챌린지' 진행하기**

매주 한 번, 한 사람에게 '무조건적 도움' 혹은 격려, 작은 선물 등 사랑 실천 도전하기를 실천하도록 합니다.

③ **감사와 나눔 일기 쓰기**

내가 받은 것 중 오늘 누군가에게 나눌 수 있었던 한 가지를 기록하며 사랑의 흐름을 체감합니다.

④ **자녀와 함께 나눔 교육 실천하기**

아이가 가진 장난감, 학용품 중 하나를 기증하며, 사랑은 줄 때 커진다는 원리를 가르칩니다.

⑤ **'기부가 아닌 관계 맺기' 실천**

돈만 보내는 것이 아니라, 직접 소통하고 마음을 전하는 인격적 나눔 실천(방문, 편지, 대화 등)을 시도합니다.

예수님은 이 땅에서 가장 위대한 자본을 '사랑'으로 정의하셨습니다. 사랑은 통장 잔액에 저장되지 않고, 마음과 행동으로만 유통됩니다. 사랑을 나누는 사람은 하나님 나라의 경제에서 진짜 부자입니다. 주는 삶은 하나님의 성품을 닮는 삶이며, 세상에 복음을 전하는 가장 설득력 있는 방식이며, 우리가 하나님 나라의 백성임을 드러내는 표지입니다. 사랑은 가장 위대한 자본입니다. 주는 자가 진짜 부자입니다. 그 부자가 바로 당신이 되기를 축복합니다.

| 결론 |

마무리 선언

"예수님은 가난한 자들에게 복음을, 포로 된 자들에게 자유를, 눌린 자들에게 해방을 선포하셨다. 그분의 자본 십계명은 경제를 넘어, 영혼과 공동체를 살리는 하나님의 회복 선언이다."

이 선언은 누가복음 4장 18~19절에서 예수님께서 스스로 인용하신 이사야서의 메시아 선언에서 나옵니다. "주의 성령이 내게 임하셨으니 이는 가난한 자에게 복음을 전하게 하시려고 내게 기름을 부으시고 나를 보내사 포로 된 자에게 자유를, 눈 먼 자에게 다시 보게 함을 전파하며 눌린 자를 자유롭게 하고 주의 은혜의 해를 전파하게 하려 하심이라." (누가복음 4:18~19) 이 구절은 예수님의 사명이 물질적·사회적·영적 억압으로부터의

전인적 해방과 회복임을 보여줍니다. '진짜 부자 십계명'은 이 복음의 실천적인 확장선에 있습니다. 단순히 돈을 어떻게 쓸 것인가를 넘어서, 어떤 영혼으로 살고, 누구의 나라를 세울 것인가에 대한 선언입니다.

예수님은 경제와 영혼을 분리하지 않으셨습니다. 예수님의 사역은 단지 영혼을 구원하는 것을 넘어, 가난한 자의 삶을 회복하고, 눌린 자를 일으키는 전체적 구원을 포함합니다. 이는 하나님 나라의 경제 윤리며, 구속과 회복의 통전적 비전입니다. 하나님의 자본관은 '쌓음'이 아니라 '흐름'에 있습니다. 하나님은 자본을 통하여 나눔과 정의, 자유와 해방, 공동체의 평화를 이루기를 원하십니다. 예수님의 삶 자체가 "주는 것이 받는 것보다 복이 있다"라는 원리를 육화한 본보기였습니다. 교회는 이 회복 선언의 공동체입니다. 교회는 단지 설교하고 예배하는 공간이 아니라, 진짜 부자 - 즉 기꺼이 주는 자들이 만들어가는 '대안 공동체'입니다. 세상이 자본으로 무너질 때, 교회는 자본을 통해 살리는 길을 보여주는 증인이 되어야 합니다.

진짜 부자란, 하나님께 모든 것을 받았기에 기꺼이 내어줄 수 있는 자입니다. 우리가 소유한 시간, 재능, 물질, 관계는 회복의 통로로 사용되어야 할 '거룩한 자본'입니다. 사랑과 정의가 흐르는 곳에 하나님의 나라가 임합니다. 우리는 세상 자본의 종이 아니라, 하나님의 청지기로 부름을 받은 존재입니다. '진짜 부자 십계명'은 돈의 길이 아니라 복음의 길, 하나님의 백성으로 사는 삶의 선언서입니다.

예수님은 이 땅에 오셔서 가난한 자에게 복음을, 포로 된 자에게 자유를, 눌린 자에게 해방을 선포하셨습니다. 그분의 자본 십계명은 단순한 경제 윤리가 아니라, 세상의 탐욕을 꺾고 하나님의 사랑과 정의를 흐르게 하는 회복의 선포입니다. 진짜 부자는 많이 가진 자가 아니라, 기꺼이 주는 자입니다. 우리는 이 땅에서 하나님 나라의 경제를 살아내는 증인으로 부름을 받았습니다. 사랑을 자본으로, 나눔을 방식으로, 영원을 목표로 살아가는 우리가 되기를 소망합니다.